Minu Isa annab teile minu nimel

Dr Jaerock Lee

*„Ja sel päeval ei küsi te minult enam midagi.
Tõesti, tõesti, ma ütlen teile, mida te iganes palute Isalt,
seda Ta annab teile minu nimel.
Tänini ei ole te midagi palunud minu nimel.
Paluge, ja te saate, et teie rõõm oleks täielik!"*
(Johannese 16:23-24)

Minu Isa annab teile minu nimel Autor: Dr. Jaerock Lee
Kirjastaja: Urim Books (Esindaja: Kyungtae Noh)
73, Yeouidaebang-ro 22-gil, Dongjak-gu, Seoul, Korea
www.urimbooks.com

Autoriõigusele allutatud. Seda raamatut või selle osasid ei ole lubatud kirjastaja kirjaliku loata mingil kujul eprodutseerida, otsingusüsteemis säilitada ega edastada mingil kujul ega mingite elektroonsete, mehaaniliste vahenditega sellest fotokoopiaid ega salvestusi teha ega seda mingil muul viisil edastada.

(Piiblitsitaadid: Piibel, Tallinn, 1997 – Eesti Piibliseltsi väljaanne).

Autoriõigus © 2017 – Dr. Jaerock Lee
ISBN: 979-11-263-0362-5   03230
Tõlke autoriõigus © 2013 – Dr. Esther K. Chung. Kasutatud autori loal.

Eelnevalt välja antud korea keeles: Urim Books, 1990

Esmaväljaanne septembris 2017

Toimetaja: Dr Geumsun Vin
Kujundaja: Urim Books toimetusbüroo
Trükkija: Prione Priting Company
Lisateabeks võtke palun ühendust aadressil: urimbook@hotmail.com

Kirjastuse sõnum

*„Ja sel päeval ei küsi te minult enam midagi.
Tõesti, tõesti, ma ütlen teile, mida te iganes palute Isalt,
seda Ta annab teile minu nimel"*
(Johannese 16:23).

Kristlus on usk, kus inimesed kohtuvad elava Jumalaga ja kogevad Jeesuse Kristuse kaudu Tema tegusid. Kuna Jumal on kõigeväeline Jumal, kes lõi taevad ja maa ja valitseb universumi ajalugu koos inimese elu, surma, needuse ja õnnistusega, vastab Ta oma laste palvele ja soovib, et nad elaksid jumalalastele kohast õnnistatud elu.

Igal tõelisel jumalalapsel on meelevald, mis annab neile jumalalapse õiguse. Selle meelevallaga peaks ta elama elu, kus kõik on võimalik, leidma, et tal pole millestki puudust ja kogema õnnistusi, teiste vastu kadedust või armukadedust tundmata. Ta peab ülevoolavalt rikkalikku, tugevat ja edukat elu elades oma eluga Jumalat austama.

Taolise õnnistatud elu elamiseks tuleb põhjalikult mõista Jumala vastuseid puudutavaid vaimumaailma seadusi ja saada kõik Jumalalt Jeesuse Kristuse nimel palutu.

Sellesse teosesse on kogutud minevikus kuulutatud sõnumid kõigile usklikele – eriti neile, kes usuvad kahtlusteta kõigeväelist Jumalat ja soovivad elada elu, mis on täis Jumala vastuseid.

Ma palun Jeesuse Kristuse nimel, et käesolev teos *Minu Isa annab teile minu nimel* oleks teile juhendiks, mis juhatab kõiki lugejaid, tehes nad teadlikuks Jumala vastuseid puudutavast vaimumaailma seadusest ja laseb neil saada kõik palves palutu!

Ma tänan ja austan Jumalat, et Ta võimaldas välja anda selle Tema kallist Sõna sisaldava raamatu ja väljendan oma siirast tänu igaühele, kes selle ettevõtmise kallal kirglikult tööd on teinud.

Jaerock Lee

Sisukord

Minu Isa annab teile minu nimel

Kirjastuse sõnum

1. peatükk
Jumala vastuste saamise viisid   1

2. peatükk
Meil on ikkagi vaja Teda paluda   13

3. peatükk
Jumala vastuseid puudutav vaimne seadus   23

4. peatükk
Hävita patumüür   35

5. peatükk
Te lõikate külvatut   47

6. peatükk
Eelija saab tulega Jumala vastuse   61

7. peatükk
Kuidas südameigatsusi täita   71

1. peatükk

Jumala vastuste saamise viisid

Lapsed,
ärgem armastagem sõnaga ja keelega,
vaid teoga ja tõega!
Sellest me tunneme, et oleme pärit tõest.
Ja me võime kinnitada Tema ees oma südant,
et olgu mis tahes, milles meie süda meid süüdistab,
Jumal on siiski meie südamest suurem ja Tema teab kõik.
Armsad, kui meie süda ei süüdista,
siis on meil julgus Jumala ees ja mida me iganes palume,
seda me saame Temalt, sest me peame Tema käske ja teeme,
mis on Tema silmis meelepärane.

1. Johannese 3:18-22

Üks jumalalaste suure rõõmu allikas on tõsiasi, et kõigeväeline Jumal on elav, vastab nende palvele ja toimib kõiges nende heaks. Seda uskuvad inimesed palvetavad innukalt, et nad võiksid saada kõik, mida nad Jumalalt paluvad ja austavad Teda oma südames olevaga. 1. Johannese 5:14 öeldakse: *„Ja see ongi see julgus, mis meil on Tema ees, et kui me midagi Tema tahtmist mööda palume, siis Tema kuuleb meid."* Selles salmis tuletatakse meile meelde, et kui me palume midagi Jumala tahte kohaselt, on meil õigus Temalt ükskõik mida saada. Hoolimata sellest, kui kuri lapsevanem ka poleks, kui ta poeg palub tema käest leiba, ei anna ta pojale kivi ja kui ta palub kala, ei anna ema talle madu. Mis võiks siis takistada Jumalal oma lastele häid ande anda, kui nad neid Temalt paluvad?

Kui kaananlanna tuli Matteuse 15:21-28 Jeesuse juurde, ei saanud ta üksnes oma palvele vastust, vaid ka tema südamesoovid said teoks. Naine palus Jeesusel oma tütar tervendada, isegi kui ta oli deemonitest hirmsasti seestunud, sest naine uskus, et kõik oli võimalik neile, kes usuvad. Mida Jeesus teie arvates tegi sellele paganast naisele, kes palus järelejätmatult, et Ta teeks ta tütre terveks? Johannese 16:23 kirjutatakse: *„Ja sel päeval ei küsi te minult enam midagi. Tõesti, tõesti, ma ütlen teile, mida te iganes palute Isalt, seda Ta annab teile minu nimel,"* Jeesus nägi naise usku ja täitis kohe ta soovi. *„Oh naine, sinu usk on suur! Sündigu sulle, nagu sa tahad!"* (Matteuse 15:28).

Jumala vastus on imeline ja armas! Kui me usume elavat Jumalat, peame me Ta lastena Teda austama, saades Temalt kõik palutu. Vaatleme selle peatüki alussalmi põhjal, kuidas me võime Jumalalt vastused saada.

1. Me peame uskuma Jumalat, kes lubab meile vastata

Jumal lubas kõikjal Piiblis meie palvetamisele ja palumistele kindlasti vastata. Seega, me võime innukalt paluda ja kõik Jumalalt palutud vastused saada vaid siis, kui me selles lubaduses ei kahtle.

4. Moosese raamatus 23:19 öeldakse: *"Jumal ei ole inimene, et Ta valetaks, inimlaps, et Ta kahetseks. Kas Tema ütleb, aga ei tee, või räägib, aga ei vii täide?"* Matteuse 7:7-8 lubab Jumal meile: *"Paluge, ja teile antakse, otsige, ja te leiate, koputage, ja teile avatakse, sest iga paluja saab ja otsija leiab ja igale koputajale avatakse!"*

Kogu Piibel sisaldab palju viiteid Jumala lubadusele, et Ta vastab meile, kui me palume midagi Tema tahte kohaselt. Järgnevalt esitame mõned näited selle kohta:

"Seepärast ma ütlen teile: Kõike, mida te iganes palves endale palute – uskuge, et te olete saanud, ja see saabki teile!" (Markuse 11:24).

"Kui te jääte minusse ja minu sõnad jäävad teisse, siis paluge, mida te iganes tahate, ning see sünnib teile" (Johannese 15:7).

"Ja mida te iganes palute minu nimel, seda ma teen, et Isa saaks kirgastatud Pojas" (Johannese 14:13).

"Siis te hüüate mind appi ja tulete ning palute mind, ja mina kuulen teid. Ja te otsite mind ja leiate minu, kui te nõuate mind kõigest oma südamest" (Jeremija 29:12-13).

"Ja hüüa mind appi ahastuse päeval; siis ma tõmban su sellest välja ja sina annad mulle au" (Laul 50:15).

Sellist Jumala lubadust võib nii Vanas kui ka Uues Testamendis pidevalt näha. Isegi kui sellest lubadusest räägiks vaid üks piiblisalm, me hoiaksime sellest salmist kinni ja palvetaksime, et Tema vastuseid saada. Aga kuna seda tõotust võib Piiblist arvukatel kordedel leida, tuleb meil uskuda, et Jumal tõesti elab ja et Ta tegutseb samamoodi eile, täna ja igavesti (Heebrealastele 13:8).

Lisaks, Piiblis räägitakse paljudest õnnistatud meestest ja naistest, kes uskusid Jumala Sõna, palusid ja said Tema käest vastused. Me peaksime järgima nende inimeste usku ja südant ja elama elu, kus me saame alati Temalt palvevastused.

Kui Jeesus ütles halvatule Markuse 2:1-12: *"Tõuse püsti, võta oma kanderaam ja mine koju!,"* tõusis halvatu ja läks kõigi nähes minema ja kõik pealtnägijad olid hämmastunud ning suutsid vaid Jumalat kiita.

Matteuse 8:5-13 tuli sõjapealik Jeesuse juurde oma teenri pärast, kes lamas halvatult kodus ja ütles Talle: *"Ütle ainult üks sõna ja mu teener paraneb!"* (8. salm). Me teame, et kui Jeesus ütles sõjapealikule: *"Mine! Nagu sa oled uskunud, nõnda sündigu sulle!"* tervenes sõjapealiku teener selsamal tunnil (13. salm).

Markuse 1:40-42 tuli Jeesuse juurde pidalitõbine ja anus Teda põlvili: *"Kui sa tahad, siis sa võid mu puhtaks teha!"* (40. salm). Kui Jeesus täitus kaastundega pidalitõbise vastu, sirutas Ta oma käe ja puudutas meest: *"Ma tahan, saa puhtaks!"* (41. salm). Me näeme, et pidalitõbi kadus ja mees sai terveks.

Jumal laseb kõigil inimestel saada seda, mida iganes nad Temalt Jeesuse Kristuse nimel paluvad. Jumal soovib ka, et kõik inimesed usuksid Teda, kes on lubanud nende palvele vastata, palvetaksid järelejätmatult muutumatu südamega ja saaksid Ta õnnistatud lasteks.

2. Palvetüübid, millele Jumal ei vasta

Kui inimesed usuvad ja palvetavad Jumala tahte kohaselt, elavad Ta Sõna alusel ja surevad nisuiva sarnaselt, märkab Jumal nende südant ja vastab nende palvele. Aga kui leidub inimesi, kes ei saa Jumala käest palvevastuseid oma palvest hoolimata, mis on selle põhjuseks? Piiblis oli palju inimesi, kes ei saanud Temalt vastuseid, hoolimata oma palvetest. Me peame õppima, kuidas meie võime Jumala käest vastused saada, vaadeldes põhjuseid, miks inimesed ei saa Jumala käest vastuseid.

Esiteks, kui me südames on palvetamise ajal patt, ütleb Jumal, et ta ei vasta meie palvele. Laulus 66:18 öeldakse meile: *„Kui oleksin näinud oma südames nurjatust, ei oleks Isand mind kuulnud"* ja Jesaja 59:1-2 meenutatakse: *„Vaata, Isanda käsi ei ole päästmiseks lühike ega ole Ta kõrv kuulmiseks kurt, vaid teie süüteod on teinud vahe teie ja teie Jumala vahele, teie patud varjavad Tema palge teie eest, sellepärast Ta ei kuule."* Kuna vaenlane kurat lõikab palve meie patu tõttu läbi, jääb see lihtsalt õhku hõljuma ja ei jõua Jumala aujärjeni.

Teiseks, kui me palvetame vendadega lahkhelis olles, ei vasta Jumal meile. Kuna meie taevane Isa ei andesta meile, kui me ei andesta oma vendadele kogu südamest (Matteuse 18:35), ei jõua meie palve Jumalani ja jääb vastuseta.

Kolmandaks, kui me palvetame oma soovide rahuldamiseks,

ei vasta Jumal meie palvele. Kui me jätame Ta au tähelepanuta ja palvetame selle asemel oma patuloomuse soovide kohaselt ja Temalt saadu oma lõbude peale kulutamiseks, ei vasta Jumal meile (Jakoobuse 4:2-3). Näiteks, isa annab kuulekale ja püüdlikule tütrele taskuraha alati, kui tütar palub. Sõnakuulmatule tütrele, kes ei hooli õpingutest suuremat, isa aga ei taha taskuraha anda või muretseb end haigeks, et ta võib seda valede motiividega ära raisata. Samamoodi, kui me palume Jumala käest midagi valede motiividega ja patuloomuse soovide rahuldamiseks, ei vasta Jumal meile, sest me võime minna hukatuse teed pidi.

Neljandaks, me ei peaks ebajumalakummardajate eest palvetama ega Jumalat appi hüüdma (Jeremija 11:10-11). Kuna Jumal põlastab ebajumalaid üle kõige, tuleb meil vaid nende hingede pääsemise eest palvetada. Igasugused muud palved või soovid nende eest jäävad vastuseta.

Viiendaks, Jumal ei vasta palvele, mis on täis kahtlusi, sest me saame Isandalt vastused vaid siis, kui me usume ja ei kahtle (Jakoobuse 1:6-7). Ma olen kindel, et paljud teie seast on tunnistanud ravimatutest haigustest tervenemist ja väliselt võimatuna näivate probleemide lahenemist, kui inimesed on palunud Jumalal sekkuda. See juhtub, kuna Jumal ütles meile: „*Tõesti, ma ütlen teile, kes iganes ütleb tollele mäele: „Kerki ja kukuta end merre!" ega kõhkle oma südames, vaid usub, et see, mis ta räägib, sünnib, siis see saabki talle!"* (Markuse

11:23). Te peate teadma, et kahtlustest tulvil palve ei leia vastust ja üksnes Jumala tahtega kooskõlas olev palve toob vaieldamatu kindlustunde.

Kuuendaks, kui me ei kuuletu Jumala käskudele, ei saa meie palve vastust. Kui me kuuletume Jumala käskudele ja teeme seda, mis on Talle meelepärane, öeldakse Piiblis, et meil võib olla kindlus Jumalas ja me saame Temalt kõik palutu (1. Johannese 3:21-22). Kuna Õpetussõnades 8:17 öeldakse: „*Mina armastan neid, kes armastavad mind, ja kes otsivad mind, need leiavad minu,*" leiab Jumala käsuseadust armastusest Tema vastu pidajate palve (1. Johannese 5:3) kindlasti vastuse.

Seitsmendaks, me ei saa Jumala käest külvamata vastuseid. Galaatlastele 6:7 kirjutatakse: „*Ärge eksige: Jumal ei lase ennast pilgata, sest mida inimene iganes külvab, seda ta ka lõikab*" ja 2. Korintlastele 9:6 öeldakse: „*Aga see on nii: kes kasinasti külvab, see ka lõikab kasinasti, ja kes rohkesti külvab, see ka lõikab rohkesti,*" ilma külvita ei ole lõikust. Kui külvata palvet, läheb hingel hästi; kui külvata ohvriandi, saab ta rahalisi õnnistusi ja kui ta külvab oma tegudega, saab ta hea tervise õnnistused. Kokkuvõttes, teil tuleb külvata seda, mida te soovite lõigata ja te peate külvama vastavalt sellele, mida te Jumalalt saada soovite.

Ülaltoodud tingimustele lisaks, kui inimesed ei palveta Jeesuse Kristuse nimel või kogu südamest või latravad niisama, jääb palve vastuseta. Mehe ja naise vaheline ebakõla (1. Peetruse 3:7) või sõnakuulmatus ei garanteeri neile Jumala vastuseid. Me peame alati meeles pidama, et niisugused ülaltoodud tingimused loovad Jumala ja meie vahelise müüri; Ta pöörab oma palge meie pealt ja ei vasta meie palvele. Seega me peame esiteks otsima jumalariiki ja selle õigust, hüüdma Teda palves appi, et saada oma südamesoovid ja alati saada Temalt palvevastused, püsides lõpuni kindlas usus.

3. Palvevastuste saamise saladused

Kristlase elu algusfaasis on inimene väikelapse sarnane ja Jumal vastab ta palvele otsekohe. Kuna inimene ei tea veel kogu tõde, kui ta rakendab vaid veidi tundma õpitud Jumala Sõna oma elus, vastab Jumal talle, otsekui oleks ta piima järele nuttev väikelaps ja juhatab ta Jumalaga kohtuma. Kui ta kuuleb ja mõistab tõde pidevalt, kasvab ta „väikelapse" faasist välja ja Jumal vastab talle ta tõe ellu rakendamise määra kohaselt. Kui inimene on „lapse" faasist vaimselt välja kasvanud, kuid teeb pattu edasi ja ei ela Sõna kohaselt, ei saa ta Jumalalt palvevastuseid; sellest hetkest edasi näeb ta palvevastuseid oma pühitsusele jõudmise määra kohaselt.

Seega, inimesed, kes pole veel Temalt vastuseid saanud peavad vastuste saamiseks esiteks meelt parandama, oma teedelt pöörduma ja hakkama elama sõnakuulelikult, elades Jumala

Sõna alusel. Siis elavad nad tões, pärast oma südame lõhkikäristamise kaudu toimunud meeleparandust õnnistab Jumal neid hämmastavalt. Kuna Iiobil oli vaid teadmistena talletatud usk, nurises ta esiteks Jumala vastu, kui teda tabasid katsumused ja kannatused. Pärast Jumalaga kohtumist parandas Iiob oma südant lõhki käristades meelt, andestas oma sõpradele ja elas Jumala Sõna järgi. Siis õnnistas Jumal varasemaga võrreldes topelt (Iiob 42:5-10).

Joona leidis end suure kala seest, kuna ta ei kuuletunud Jumala Sõnale. Aga kui ta palvetas, parandas meelt ja tänas palves usus, käskis Jumal kala ja see oksendas Joona kuivale maale (Joona 2:1-10).

Kui me pöördume oma teedelt, parandame meelt, elame Isa tahte kohaselt, usume ja hüüame Teda appi, tuleb vaenlane kurat ühest suunast, aga põgeneb seitsmes suunas. Loomulikult lahenevad haigusprobleemid, probleemid lastega ja rahahädad. Tagakiusavast abikaasast saab hea ja soe abikaasa ja rahulik Kristuse head lõhna eritav perekond toob Jumalale suurt au.

Kui me oleme oma teedelt pöördunud, meelt parandanud ja Temalt palvevastused saanud, tuleb meil Jumalale au anda, oma rõõmust tunnistades. Kui me oleme Talle oma tunnistusega meelepärased ja austame Teda, ei saa Jumal vaid au ega tunne meist rõõmu, vaid Ta küsib meilt ka innukalt: „Mida ma saan sinu heaks teha?"

Oletame, et lapsevanem andis pojale kingituse ja poeg ei tundunud tänulik ega väljendanud oma tänu mingil moel. Ema ei pruugi talle enam midagi muud anda soovida. Aga kui poeg hindab kingitust väga ja valmistab emale rõõmu, tunneb ema üha suuremat heameelt ja soovib pojale rohkem kingitusi anda ja valmistub seda tegema. Selle sarnaselt võime meie Jumalalt veelgi enam saada, kui me Teda austame, pidades meeles, et meie Isa Jumalal on hea meel, kui Ta lapsed saavad palvevastused ja Ta annab veelgi enam häid ande neile, kes annavad Tema vastustest tunnistust.

Küsigem Jumala tahte kohaselt, näidates Talle oma usku ja andumust ja saades Temalt kõik, mida me palume. Jumalale oma usu ja pühendumuse näitamine võib olla inimlikust seisukohast raske ülesanne. Kuid me vabaneme üksnes taolise protsessi järgselt tõe vastu seisvatest kaalukatest pattudest, kui me hoiame oma pilgu igavesel taeval, saame palvevastused ja kehtestame oma taevased tasud – siis on meie elu täis tänu ja rõõmu ja tõeliselt väärtuslik. Pealegi, meie elu on veelgi rohkem õnnistatud, sest katsumused ja kannatused on minema aetud ja me saame Jumala juhatusest ja kaitsest tuntavat tõelist tröösti.

Ma palun Jeesuse Kristuse nimel, et igaüks teist paluks usus kõike soovitut, palvetaks südamest, võitleks patu vastu ja kuuletuks Ta seadustele, et saada kõik palutu, olla Talle kõiges meelepärane ja tuua Jumalale suurt au!

2. peatükk

Meil on ikkagi vaja Teda paluda

Siis te mõtlete oma halbadele eluviisidele ja tegudele, mis ei olnud head; ja te põlastate iseendid oma süütegude ja jäleduste pärast. Ma ei tee seda teie pärast, ütleb Isand Jumal, see olgu teile teada! Häbenege ja tundke piinlikkust oma eluviiside pärast, Iisraeli sugu! Nõnda ütleb Isand Jumal: Sel päeval, kui ma teid puhastan kõigist teie süütegudest, asustan ma linnad uuesti ja varemed ehitatakse üles. Maa, mis oli laastatud, haritakse, et see ei jääks laastatuks iga möödakäija silma ees. Siis öeldakse: „Laastatud maast on saanud otsekui Eedeni aed. Ja varemeis olnud, purustatud ja mahakistud linnad on kindlustatud ja asustatud." Ja paganad, kes teil ümberkaudu alles jäävad, saavad tunda, et mina, Isand, ehitan üles mahakistu ja istutan uuesti laastatu. Mina, Isand, olen rääkinud, ja ma teen seda. Nõnda ütleb Isand Jumal: „Veel sedagi ma luban Iisraeli sool paluda mul teha nende heaks: ma teen nad inimeste poolest arvukaks nagu lambad."

Hesekiel 36:31-37

Piibli kuuekümne kuues raamatus tunnistab Jumal, kes on sama eile, täna ja igavesti (Heebrealastele 13:8), et Ta on elav ja tegev. Kõigile neile, kes uskusid Tema Sõna ja kuuletusid sellele Vana Testamendi ajal, Uue Testamendi ajal ja tänapäeval, on Jumal ustavalt näidanud tõendeid oma tegude kohta. Kogu universumis sisaldava Looja Jumal ja inimkonna elu, surma, needuse ja õnnistuse valitseja on lubanud meid „õnnistada" (5. Moosese raamat 28:5-6) niikaua kui me usume ja kuuletume kogu Ta Piiblisse kirja pandud Sõnale. Aga kui me tõesti usuksime seda hämmastavat imelist tõsiaja, mis võiks meil puudu olla ja mida ei peaks me saama? 4. Moosese raamatus 23:19 kirjutatakse: *„Jumal ei ole inimene, et Ta valetaks, inimlaps, et Ta kahetseks. Kas Tema ütleb, aga ei tee, või räägib, aga ei vii täide?"* Kas Jumal räägib ja ei tegutse? Kas Ta lubab ja ei täida? Lisaks, kuna Jeesus lubas meile Johannese 16:23: *„Ja sel päeval ei küsi te minult enam midagi. Tõesti, tõesti, ma ütlen teile, mida te iganes palute Isalt, seda Ta annab teile minu nimel."* Jumalalapsed on tõesti õnnistatud.

Seega on jumalalaste jaoks ainult loomulik elada elu, kus nad saavad kõik palutu ja austada oma taevast Isa. Miks siis suurem osa kristlastest ei ela niisugust elu? Selgitame nüüd selle peatüki aluseks oleva lõiguga, kuidas me võime alati Jumalalt vastused saada.

1. Jumal on rääkinud ja teeb selle kohaselt, aga me peame Teda ikkagi paluma

Iisraeli rahvast õnnistati Jumala väljavalitutena rikkalikult. Neile lubati, et kui nad Jumala Sõnale täielikult kuuletuvad ja seda järgivad, seab Ta nad kõigist maapealsetest rahvastest kõrgemale, laseb nende vastu tulevatel vaenlastel kaotust kanda ja õnnistab neid kõiges, mille külge nad oma käe panevad (5. Moosese raamat 28:1, 7, 8). Niisugused õnnistused tabasid iisraellasi, kui nad kuuletusid Jumala Sõnale, aga kui nad tegid valesti ja ei kuuletunud käsuseadusele ning kummardasid ebajumalaid, võeti nad Jumala viha tõttu vangi ja nende maa hävis.

Sel ajal ütles Jumal iisraellastele, et kui nad parandavad meelt ja pöörduvad oma kurjadelt teedelt, laseb Ta mahajäetud maa üles harida ja varemeis kohad üles ehitada. Jumal ütles lisaks: *„Mina, Isand, olen rääkinud, ja ma teen seda. Veel sedagi ma luban Iisraeli sool paluda mul teha nende heaks"* (Hesekiel 36:36-37).

Miks Jumal lubas iisraellastele, et Ta tegutseb, aga käskis neil ikkagi Teda „paluda"?

Isegi kui Jumal teab meie vajadusi enne kui me Teda palume (Matteuse 6:8), on Ta ka meile öelnud: *„Paluge, ja teile antakse... sest iga paluja saab... kui palju enam teie Isa, kes on taevas, annab head neile, kes Teda paluvad"* (Matteuse 7:7-11)!

Lisaks, kuna Jumal ütles meile kogu Piiblis, et me peame Teda paluma ja appi hüüdma, et Tema käest vastuseid saada (Jeremija 33:3; Johannese 14:14), peavad jumalalapsed, kes usuvad tõesti Ta Sõna, ikkagi Jumalat paluma, kuigi Ta on rääkinud ja tegutseda lubanud.

Teisalt, kui Jumal ütleb: „Ma teen seda," kui me usume Teda ja oleme Talle sõnakuulelikud, saame me vastused. Teisest küljest, kui me kahtleme, katsume Jumalat läbi ja ei ole tänulikud ja selle asemel nuriseme katsumuste ja kannatuste ajal ehk kokkuvõtlikult, kui me ei usu Jumala lubadust, ei saa me palvevastuseid. Isegi kui Jumal on midagi teha lubanud, saab see lubadus teoks ainult siis, kui me sellest palve ja tegudega kinni hoiame. Ei saa öelda, et inimesel on usku, kui ta ei palu, vaid vaatab lihtsalt lubadust ja ütleb: „Kuna Jumal ütles nii, see asi sünnib." Samuti ei saa ta Jumalalt vastuseid, kuna tal puuduvad kaasnevad teod.

2. Me peame paluma, et Jumalalt vastuseid saada

Esiteks, te peate paluma, et hävitada teie ja Jumala vaheline patumüür.

Kui Taaniel viidi pärast Jeruusalemma langemist Paabelisse vangi, luges ta Pühakirjast Jeremija prohvetikuulutust ja sai teada, et Jeruusalemma laastamisaeg kestab seitsekümmend aastat. Taaniel sai teada, et selle seitsmekümne aasta jooksul teenib Iisrael Paabeli kuningat. Aga pärast seitsmekümne aasta lõppu langesid Paabeli kuningas, ta riik ja kaldelaste maa needuse alla ja lõpuks laastati see nende pattude tõttu. Isegi kui iisraellased olid sel ajal Paabelis vangipõlves, kuulutas Jeremija prohvetlikult, et nad saavad sõltumatuks ja naasevad pärast seitsmekümne aasta möödumist oma kodumaale, mis valmistas Taanielile kohest rõõmu ja kergendustunnet.

Ometi ei jaganud Taaniel oma kaasmaalastega rõõmu, kuigi ta oleks seda lihtsalt teha võinud. Taaniel andis Jumalale vande paluda Teda palve ja anumistega paastudes, kotiriides ja tuhas. Ja ta parandas sellest ja iisraellaste patust, valedest tegudest, kurjusest, mässust ja Jumala käskudest ja seadustest eemale pöördumisest meelt (Taanieli 9:3-19).

Jumal ei ilmutanud prohvet Jeremija kaudu, kuidas Iisraeli Paabeli vangipõlv lõpeb; Ta kuulutas üksnes vangipõlve lõppu pärast seitset aastakümmet. Aga kuna Taaniel tundis vaimumaailma seadust, oli ta hästi teadlik sellest, et Iisraeli ja Jumala vaheline müür tuli Jumala Sõna täidemineku jaoks esiteks hävitada. Seda tehes näitas Taaniel oma usku tegudes. Kui Taaniel paastus ja parandas meelt – enese ja ülejäänud iisraellaste eest – Jumala silmis valedest tegudest ja selle tagajärjel needuse all olekust, hävitas Jumal müüri, vastas Taanielile, andis iisraellastele „seitsekümmend „seitse" [nädalat]" ja ilmutas talle teisi saladusi.

Kui meist saavad jumalalapsed, kes paluvad Isa Sõna alusel, peaksime me aru saama, et patumüüri hävitamine juhtub enne palvevastuste saamist ja tegema selle müüri hävitamise oma esmaülesandeks.

Teiseks, meil tuleb palvetada usu ja sõnakuulelikkusega.

2. Moosese raamatus 3:6-8 kirjutatakse Jumala tõotusest Iisraeli rahvale, kes oli tol ajal Egiptuses orjapõlves, et Ta toob nad Egiptusest välja ja viib Kaananisse, piima ja mett voolavale maale. Kaanan on maa, mille Jumal lubas iisraellaste omandiks anda (2. Moosese raamat 6:8). Ta tõotas anda selle maa nende järeltulijatele ja käskis neil minna üles (2. Moosese raamat 33:1-3). See on tõotatud maa, kus Jumal käskis iisraellastel kõik sealsed ebajumalad hävitada ja hoiatas, et nad ei sõlmiks seal juba elavate inimestega lepinguid, et iisraellased ei valmistaks oma ja Jumala vahelist püünist. See oli oma lubadusi alati täitva Jumala tõotus. Miks siis iisraellased ei saanud Kaananisse minna?

Iisraeli rahvas nurises oma uskmatuses Jumalasse ja Tema väesse Tema vastu (4. Moosese raamat 14:1-3) ja oli Talle sõnakuulmatu ja ei saanud seega Kaanani piiril seistes sinna siseneda (4. Moosese raamat 14:21-23; Heebrealastele 3:18-19). Lühidalt, isegi kui Jumal lubas iisraellastele Kaananimaa, oli see lubadus kasutu, kui nad ei uskunud Teda ega kuuletunud Temale. Kui nad oleksid Teda uskunud ja sõnakuulelikud olnud, oleks see tõotus kindlasti täitunud. Lõpuks võisid Kaananisse minna ainult Jumala Sõna uskunud Joosua ja Kaaleb koos iisraellaste järeltulijatega (Joosua 14:6-12). Pidagem Iisraeli ajalugu vaadeldes meeles, et me saame Jumalalt vastused ainult siis, kui me palume Teda Ta tõotusi usaldades ja kuulekalt ja saame Tema käest usus paludes vastused.

Kuigi Mooses ise kindlasti uskus Jumala tõotust Kaanani

suhtes – kuna iisraellased ei uskunud Jumala väge, ei lastud ka teda tõotatud maale. Vahel piisab Jumala töö jaoks ühe inimese usust, aga vahel tuleb vastus ainult siis, kui igal asjaga seotud inimesel on usk, mis on Tema töö ilmutamiseks piisav. Kaananimaale mineku jaoks nõudis Jumal mitte ainult Moosese, vaid kõigi iisraellaste usku. Aga kuna Ta ei leidnud Iisraeli rahva seast niisugust usku, ei lasknud Jumal neil Kaananisse minna. Pidage meeles, et kui Jumal taotleb mitte üksnes ühe, vaid kõigi asjaga seotud inimeste usku, tuleb kõigil Jumalalt vastuste saamiseks usus kuulekalt palvetada ja üksmeelsed olla.

Kui kaksteist aastat veritõves olnud naine sai Jeesuse rüüd puudutades terveks, küsis Ta: *„Kes puudutas mu riideid?"* ja naine tunnistas kõigi kogunenud inimeste ees, et ta oli terveks saanud (Markuse 5:25-34).

Jumala ilmsikssaanud teost tunnistuse andmine aitab teistel usus kasvada ja annab neile jõudu, et muutuda palveinimesteks, kes paluvad Temalt vastuseid ja saavad need. Jumalalt usu kaudu vastuste saamine võimaldab uskmatutel usku saada ja elava Jumalaga kohtuda – see on tõesti suurepärane viis, kuidas Teda austada.

Saagem siis alati Piiblis olevaid õnnistussõnu uskudes ja neile kuuletudes ja pidades meeles, et meil tuleb ikkagi paluda ka siis, kui Jumal on meile lubanud: „Ma olen rääkinud ja ma teen seda" Temalt vastused, olles Ta õnnistatud lapsed ja austades Teda kogu südamest.

3. peatükk

Jumala vastuseid puudutav vaimne seadus

Ja Jeesus läks välja ning t
uli harjumuspäraselt Õlimäele,
ja jüngrid järgnesid talle.
Ja kui Ta sinna paika jõudis, siis Ta ütles neile:
„Palvetage, et te ei satuks kiusatusse!"
Ta ise läks neist eemale kiviviske kaugusele,
langes põlvili maha ja palvetas:
„Isa, kui Sa tahad, võta see karikas minult ära!
Ometi ärgu sündigu minu tahtmine, vaid sinu oma!"
[Siis ilmus Talle ingel taevast Teda kinnitama.
Ja raskesti heideldes palvetas Ta veelgi pingsamalt,
ja Ta higi muutus nagu maha tilkuvateks verepiiskadeks.]
Ja palvetamast tõustes tuli Jeesus oma jüngrite juurde ja leidis
nad magamas kurbuse pärast.
Ja Ta ütles neile: „Miks te magate?
Tõuske üles ja palvetage,
et te ei satuks kiusatusse!"

Luuka 22:39-46

Jumalalapsed võtavad vastu pääsemise ja neile antakse õigus saada Jumala käest kõike, mida iganes nad usus paluvad. Sellepärast me loeme Matteuse 21:22: „*Ja kõike, mida te iganes palves palute uskudes, seda te saate.*"

Aga paljud inimesed imestavad, miks nad ei saa Jumala käest pärast palvetamist vastuseid, küsitlevad, kas nende palve jõudis Jumalani või kahtlevad selles, kas Jumal isegi kuulis nende palvet.

Täpselt nii, nagu meil on vaja teada täpseid meetodeid ja marsruute, et teatud sihtkohta sekeldusteta jõuda, võime me Jumalalt kohe vastused saada vaid siis, kui me oleme teadlikud õigetest palvemeetoditest ja tegutsemise viisidest. Palve ei taga iseenesest Jumala vastuseid; meil on vaja Tema vastuste saamiseks vaimumaailma seadusi tundma õppida ja palvetada selle seaduse kohaselt.

Uurime siis Jumala vastuste saamist puudutavat vaimumaailma seadust ja selle suhet Jumala seitsme Vaimuga.

1. Jumalalt vastuste saamist puudutav vaimumaailma seadus

Kuna palve tähendab seda, et me palume kõigeväelise Jumala käest seda, mida me soovime ja vajame, võime me Temalt vastused saada alles siis, kui me palume Teda vaimumaailma seaduse kohaselt. Mõtetel, meetoditel, kuulsusel ega teadmistel põhinevate pingutuste kogus ega määr ei too inimesele iialgi Jumala vastuseid.

Kuna Jumal on õiglane Kohtumõistja (Laul 7:11), kuuleb meie palvet ja vastab sellele, nõuab Ta meie käest oma vastuste jaoks sobivat suurust. Jumala palvevastuseid võib võrrelda lihunikult liha ostmisega. Kui lihunikku Jumalaga sarnastada, võib tema kasutatavaid kaalusid võrrelda Jumala mõõdupuuga, millega Ta mõõdab vaimumaailma seaduse alusel, kas inimene saab Temalt palvevastused või mitte.

Oletame, et me läheme lihunikult kilo liha ostma. Kui me küsime temalt soovitud hulga liha, lihunik kaalub liha ja näeb, kas võetud lihatükk kaalub kilogrammi. Kui kaaludel olev liha kaalub ühe kilogrammi, võtab lihunik meilt kahe kilo liha hinnale vastava rahasumma, paneb liha pakendisse ja annab selle meile.

Samamoodi, kui Jumal tõesti vastab meie palvele, saab Ta meilt eksimatult vastu midagi, mis tagab Ta vastuse. See on Jumala vastuseid puudutav vaimumaailma seadus.

Jumal kuuleb meie palvet, võtab meie käest midagi vastavas vääringus vastu ja vastab siis meile. Kui keegi peab veel Jumalalt palvevastused saama, ei ole ta veel Jumalale vastuste eest sobivat määra andnud. Kuna Tema vastuste jaoks vajalik suurus erineb sõltuvalt inimese palve sisust, peab inimene jätkama palvetamist ja koguma vajaliku palvehulga, kuni ta saab niisuguse usu, mis aitab tal Jumalalt vastuseid saada. Isegi kui me ei tea üksikasjalikult, missugune on Jumala poolt meie käest nõutav sobiv suurus, Tema teab. Seega meil tuleb Jumalalt paluda mõningaid asju paastudes, kui me Püha Vaimu häält teraselt tähele paneme, teatud asju lubatud ööpalvega, teisi asju pisarais palvetades ja taas, muid asju tänuohvrit tuues. Taoline tegu moodustab Jumalalt vastuste saamiseks vajaliku koguse, sest Ta annab meile niisuguse usu, millega me võime uskuda ja õnnistab meid oma vastustega.

Isegi kui kaks inimest taanduvad ja alustavad tõotatud palvet, vastab Jumal ühele nende seast kohe pärast tõotuspalve alustamist, aga teine ei saa palvevastuseid isegi siis, kui ta tõotuspalve aeg on läbi. Kuidas niisugust erinevust selgitada?

Kuna Jumal on tark ja teeb oma plaanid eelnevalt valmis, siis kui Jumal kuulutab, et inimesel on süda, mis hoiab teda palvetamas kogu tõotatud palveaja jooksul, vastab Ta selle inimese palvele otsekohe. Aga kui keegi ei saa Jumalalt oma praegusele probleemile vastuseid, ei ole ta end Jumala vastuste saamiseks sobival määral andnud. Kui me tõotame mingi perioodi vältel palvetada, peaksime me teadma, et Jumal on meie südant juhatanud, et Ta saaks vastusteks sobiva palvehulga. Järelikult, kui me ei kogu seda hulka, ei saa me Jumalalt vastuseid.

Näiteks, kui meesterahvas palvetab oma tulevase abikaasa eest, saadab Jumal talle sobiva pruudi ja valmistab teda nii, et Ta saab kõiges mehe heaks tegutseda. See ei tähenda, et õige pruut ilmuks mehe ette ka siis, kui ta ei ole abiellumiseas üksnes seetõttu, et mees teda Jumalalt palus. Kuna Jumal vastab neile, kes usuvad, et nad on Temalt vastused saanud, ilmutab Ta oma valitud ajal neile oma tegusid. Aga kui inimese palve ei ole Tema tahtega kooskõlas, ei taga mingi palvehulk Jumala vastuseid. Kui seesama mees otsis ja palus oma tulevast pruuti väliste tingimuste alusel nagu haridustaust, välimus, rikkus, kuulsus ja sarnane – teiste sõnadega, kui ta palve oli täis ahnust, mis moodustus tema mõttemaailmas – ei vasta Jumal talle.

Isegi kui kaks inimest palusid Jumalat täpselt sama probleemi tõttu, saab Jumal nende erineva pühitsuse määra ja usumõõdu tõttu, millega nad usuvad, täiesti erineva palvehulga (Johannese ilmutus 5:8). Üks inimene võib Jumalalt kuu aja jooksul vastused saada, kuna teisel kulub selleks vaid päev.

Lisaks, mida tähendusrikkam on Jumala palvevastus, seda suurem peab olema inimese palvehulk. Vaimumaailma seaduse alusel testitakse suurt astjat rohkem ja see tuleb esile kuldsena, aga väikest astjat testitakse vähem ja Jumal kasutab seda vaid veidi. Seega, keegi ei tohi teiste üle kohut mõista, öeldes: „Vaadake kõiki ta raskusi, hoolimata ta ustavusest!" ja Jumalale mingil moel pettumust valmistada. Moosest testiti meie usuisade seast 40 aastat ja Jaakobit 20 aastat ja me teame, kui sobivaks astjaks nad mõlemad Jumala silmis said ja neid kasutati pärast vastavate katsumuste läbimist Tema suure eesmärgi jaoks. Mõtelge protsessile, kus moodustatakse ja treenitakse riiklikku jalgpallimeeskonda. Kui mingi mängija oskused on tema meeskonna nimekirja panekut väärt, saab ta oma maad esindada alles pärast treeningutesse lisaaja ja töö investeerimist.

Hoolimata sellest, kas me vajame Jumala käest suurt või väikest vastust, peame me Temalt vastuste saamiseks Ta südant liigutama. Kui me palvetame, et saada kõike, mida me palume, liigutab see Jumala südant ja Ta vastab meile, kui me anname

Talle sobiva palvehulga, puhastame oma südame, et meie ja Jumala vahel poleks patumüüri ja täname Teda, rõõmustame, toome ohvriande ja sarnast, et näidata oma usku Temasse.

2. Vaimumaailma seaduse ja seitsme vaimu suhe

Nii nagu me vaatlesime eelnevalt lihuniku ja ta kaalude metafoori, Jumal mõõdab igaühe palvekogust veatult ja määrab, kas inimene on kogunud sobiva palvekoguse. Kui suurem osa inimestest langetab otsuse mingi eseme kohta vaid silmaga nähtava alusel, otsustab Jumal täpselt seitsme Jumala Vaimu abil (Johannese ilmutus 5:6). Teiste sõnadega, kui seitse Vaimu kuulutavad, et keegi kvalifitseerub, saab ta Jumalalt palvevastused.

Mida seitse Vaimu mõõdavad?

Esiteks, seitse Vaimu mõõdavad inimese usku.

Usus on „vaimne usk" ja „lihalik usk." Seitsme Vaimu poolt mõõdetav usk ei ole teadmisteusk – lihalik usk – vaid vaimne usk, mis on elav ja millega kaasnevad teod (Jakoobuse 2:22). Näiteks, Markuse 9. peatükis on juhtum, kus deemonitest seestumise tõttu tumma lapse isa tuli Jeesuse juurde (Markuse 9:17). Isa ütles Jeesusele: „Ma usun, aita mu uskmatust!" Siis isa tunnistas oma lihalikku usku, öeldes: „Ma usun" ja paludes Tema käest vaimset usku sõnadega: „Aita mu uskmatust!" Jeesus vastas isale kohe ja tervendas poisi (Markuse 9:18-27). Jumalale on võimatu usuta meelepärane olla (Heebrealastele 11:6). Aga kuna meie südamesoovid võivad täituda, kui me oleme Talle meelepärased, võime me Jumalale meelepärase usuga saada oma südamesoovide täitumise. Seega, kui me ei saa Jumalalt vastuseid isegi siis kui Ta ütles meile: *„Sulle sünnib sinu usku mööda,"* tähendab see, et meie usk ei ole veel täielikuks saanud (Matteuse 8:13).

Teiseks, seitse Vaimu mõõdavad inimese rõõmu.

Kuna 1. Tessalooniklastele 5:16 käsitakse meil alati rõõmustada, tahab Jumal, et me oleksime alati rõõmsad. Aga selle asemel, et rasketel aegadel rõõmu tunda, leiavad paljud tänapäeva kristlased end ängi, hirmu ja mure küüsist. Kui nad tõesti usuvad elavat Jumalat kogu südamest, saavad nad alati rõõmustada, hoolimata olukorrast, kus nad on. Nad võivad rõõmu tunda tulises lootuses, mis on rajatud igavesele taevariigile ja mitte sellele maailmale, mis üürikese aja pärast kadumisele kuulub.

Kolmandaks, seitse Vaimu mõõdavad inimese palvet.

Kuna Jumal käsib meil palvetada lakkamata (1. Tessalooniklastele 5:17) ja lubab vastata neile, kes Teda paluvad (Matteuse 7:7), on üksnes mõistuspärane, et me saame Jumalalt kõik, mida me palves palume. Jumalale meelepärane palve sisaldab harjumuspärast palvetamist (Luuka 22:39) ja Jumala tahte kohaselt põlvitades palvetamist. Niisuguse suhtumise ja hoiakuga hüüame me loomulikult Jumalat kogu südamest appi ja me palve on usust ja armastusest kantud. Jumal uurib niisuguse palve läbi. Me ei pea palvetama vaid siis, kui me midagi tahame ega siis, kui me kurvastame ja latrame palves, vaid meil tuleb palvetada Jumala tahte kohaselt (Luuka 22:39-41).

Neljandaks, seitse Vaimu mõõdavad inimese tänu.
Kuna Jumal käskis meil kõige eest tänulik olla (1. Tessalooniklastele 5:18), peaks igaüks, kel on usku, loomulikult kogu südamest kõige eest tänama. Kuna Ta viis meid hävingu teelt igavese elu teele, kuidas me saaksime mitte tänulikud olla? Me peame olema tänulikud, et Jumal kohtub nendega, kes Teda kogu südamest otsivad ja Ta vastab neile, kes Teda paluvad. Pealegi, isegi kui me üürikese maapealse elu jooksul esineb raskusi, tuleb meil olla tänulik, sest meil on igavese taeva lootus.

Viiendaks, seitse Vaimu mõõdavad, kas inimene peab Jumala käsuseadustest kinni või mitte.
1. Johannese 5:2 öeldakse: *„Sellest me tunneme ära, et armastame Jumala lapsi, kui me armastame Jumalat ja teeme Tema käskude järgi"* ja Jumala käske ei ole raske pidada (1. Johannese 5:3). Inimese tavaline põlvitades tehtud palve ja Jumala appihüüdmine on ta usust sündinud armastuspalve. Inimene palvetab oma usu ja Jumala armastuse kaudu Jumala Sõna kohaselt.

Aga paljud kurdavad, et nad ei saa Jumala käest palvevastuseid, kui nad lähevad läände, kuigi Piiblis öeldakse neile: „Mine itta!" Neil on lihtsalt vaja uskuda, mida neil Piiblis teha käsitakse ja sellele kuuletuda. Kuna nad jätavad Jumala Sõna kiiresti kõrvale, hindavad iga olukorda oma mõtete ja teooriate alusel ja palvetavad omakasu saamiseks, pöörab Jumal oma palge nende pealt ja ei vasta neile. Oletame, et te lubasite sõbraga New York City rongijaamas kohtuda, aga saite hiljem aru, et te eelistate rongile bussi ja läksite hoopis bussiga New Yorki. Hoolimata sellest, kui kaua te bussijaamas ootate, ei saa te kunagi sõbraga kokku. Kui te lähete läände ka siis, kui Jumal käskis teil itta minna, ei saa öelda, et te oleksite Talle sõnakuulelik olnud. Aga on traagiline ja südantlõhestav näha, kuidas väga paljude kristlaste usk on just niisugune. See ei ole usk ega armastus. Kui me väidame end Jumalat armastavat, on Tema käsuseaduste pidamine meie jaoks vaid loomulik (Johannese 14:15; 1. Johannese 5:3).

Jumala vastu tuntav armastus ajendab teid veelgi innukamalt ja usinamalt palvetama. See kannab omakorda vilja hingede päästmisel ja evangeeliumi kuulutamisel ja jumalariigi ja selle õiguse teoks tegemisel. Ja teie hinge lugu on hea ja te saate palveväe. Kuna te saate vastuse ja austate Jumalat ja kuna te usute, et see saab taevase tasu, olete te tänulik ja ei väsi. Seega, kui me tunnistame oma usku Jumalasse, on Piibli kuuekümne kuue raamatu kokkuvõtteks oleva kümne käsu täitmine meie jaoks vaid loomulik asi.

Kuuendaks, seitse Vaimu mõõdavad meie ustavust.

Jumal tahab, et me ei oleks vaid ühes valdkonnas, vaid kogu

Ta kojas ustavad. Pealegi, 1. Korintlastele 4:2 kirjapandu alusel: *„Ent majapidajailt nõutakse, et nad oleksid ustavad,"* on Jumalalt ülesanded saanute jaoks kohane paluda Jumalalt jõudu, et nad oleksid kõiges ustavad ja usaldusväärsed neid ümbritsevate inimeste silmis. Lisaks peaksid nad paluma kodus ja tööl ustavust ja kui nad püüavad kõiges, kus nad oma osa etendavad, ustavad olla, peab nende ustavus tões teoks saama.

Seitsmendaks ja viimaseks, seitse Vaimu mõõdavad inimese armastust.

Isegi kui keegi on kuue ülaltoodud standardi alusel kvalifitseeritud, ütleb Jumal meile, et ilma armastuseta ei ole me „midagi" peale „kumiseva kellukese" ja et suurim usu, lootuse ja armastuse seas on armastus. Lisaks, Jeesus täitis käsuseaduse armastusega (Roomlastele 13:10) ja Tema lastena on vaid õige, et me üksteist armastame.

Jumalalt palvevastuste saamiseks peame me esiteks kvalifitseeruma, kui meid mõõdetakse seitsme Vaimu standarditega. Kas see tähendab, et vastpöördunud, kes ei tunne veel tõde, ei saa Jumala vastuseid?

Oletame, et väikelaps, kes ei oska veel rääkida, ütleb ühel päeval väga selge hääldusega: „Emme!" Vanematel on väga hea meel ja nad annavad lapsele kõike, mida ta soovib.

Samamoodi, kuna on olemas erinevad usutasemed, mõõdavad seitse Vaimu igaühte ja vastavad selle kohaselt. Seega Jumal tunneb meeleliigutust ja Tal on hea meel vastata vastpöördunule, kui ta näitab isegi väikest usku üles. Jumal tunneb meeleliigutust ja vastab hea meelega, kui teise või kolmanda usutasemega usklikud saavad vastava usumõõdu. Neljandal või viiendal usutasemel olevad usklikud kvalifitseeruvad kohe seitsme Vaimu silmis, kuna nad elavad Jumala tahte kohaselt ja palvetavad Talle veelgi sobivamal moel ja nad saavad Jumalalt kiiremini vastused.

Kokkuvõttes, mida kõrgemal usutasemel keegi on – kuna ta on seda rohkem teadlik vaimumaailma seadusest ja elab selle kohaselt – seda kiiremini ta Jumalalt vastused saab. Ometi, miks saavad vastpöördunud sageli Jumalalt palvevastused kiiremini? Vastpöördunu täitub Jumalalt saadud armu tõttu kiiresti Püha Vaimuga ja kvalifitseerub seitsme Vaimu silmis ja saab seega Jumalalt palvevastused kiiremini.

Aga kui ta läheb sügavamale tõe sisse, muutub ta laisaks ja kaotab tasapisi oma esimese armastuse ning ta kunagine ind jahtub ja temas areneb kalduvus „asjade käiguga kaasa lohiseda."

Olgem oma innus, mida me tunneme Jumala vastu, seitsme Vaimu silmis kohased innuka tõekohase eluga, saades Isalt kõik palves palutu ja elagem õnnistatud elu, kus me austame Teda!

4. peatükk

Hävita patumüür

Vaata, Isanda käsi ei ole päästmiseks lühike
ega ole Ta kõrv kuulmiseks kurt,
vaid teie süüteod on teinud vahe teie ja teie Jumala vahele,
teie patud varjavad Tema palge teie eest,
sellepärast Ta ei kuule.

Jesaja 59:1-2

Jumal käsib oma lastel Matteuse 7:7-8: *"Paluge, ja teile antakse, otsige, ja te leiate, koputage, ja teile avatakse, sest iga paluja saab ja otsija leiab ja igale koputajale avatakse!"* ja lubab nende palvele vastata. Aga miks inimestel ei õnnestu Jumala tõotusest hoolimata palvevastuseid saada? Jumal ei kuula patuste palvet; Ta pöörab nende pealt oma palge ära. Ta ei suuda vastata palvele, mida paluvad inimesed, kes on Jumalast patumüüriga eraldatud. Seega, selleks et elada hea tervisega ja et meil oleks hea käekäik ja me hinge lugu oleks hea, peame me esiteks lammutama patumüüri, mis takistab meil Jumalani jõuda.

Ma õhutan, et teie kõik uuriksite patumüüri ehitamiseks vaja läinud erinevaid koostisosi ja saaksite Jumala õnnistatud lasteks, kes parandavad meelt, kui nende ja Jumala vahel on patumüür, saaksite palves kõik Jumalalt palutu ja austaksite Teda.

1. Hävitage Jumala mitte uskumise ja Päästja Isanda mitte vastuvõtmise tõttu olemasolev patumüür

Piiblis kirjutatakse, et Jumala mitte uskumine ja Päästja Jeesuse Kristuse mitte vastuvõtmine on patt (Johannese 16:9). Paljud ütlevad: „Ma olen patuta, sest ma olen hästi elanud," kuid nad räägivad taolist vaimsest võhiklikkusest, patuloomust teadmata. Kuna nende südames pole Jumala Sõna, ei oska need inimesed tõelist õigust ega tõelist vale eristada ja ei suuda heal ja kurjal vahet teha. Pealegi, tõelist õigsust tundmata võivad nad kõhklemata väita, et nad on head, kui maailm ütleb, et nad ei ole kurjad. Hoolimata sellest, kui head elu inimene oma arvates ka ei oleks elanud, kui ta vaatab oma elu pärast Jeesuse Kristuse vastuvõtmist Jumala Sõna valguses, avastab ta, et ta elu pole sugugi „hea" olnud. Ta mõistab, et Jumala mitte uskumine ja Jeesuse Kristuse mitte vastu võtmine on suurim patt. Jumal on kohustatud vastama Jeesuse Kristuse vastu võtnud inimestele, kes on saanud jumalalasteks, aga jumalalastel on Jumala lubaduse alusel õigus palvevastustele.

Põhjus, miks jumalalapsed, kes Teda usuvad ja on Jeesus Kristuse Päästjaks vastu võtnud, ei saa palvevastuseid, seisneb selles, et nad ei tunne ära endi ja Jumala vahelise patumüüri olemasolu. Sellepärast pöörab Jumal nendelt oma palge ja ei vasta nende palvele ka siis, kui nad paastuvad või palvetavad kogu öö.

2. Hävitage üksteise mitte armastamise patt

Jumala arvates on loomulik, et Ta laste seas valitseb armastus (1. Johannese 4:11). Lisaks, kuna Ta käsib meil isegi oma vaenlasi armastada (Matteuse 5:44), tähendab vendade vihkamine armastamise asemel Jumala Sõnale mitte kuuletumist, mis on patt.

Kuna Jeesus Kristus näitas oma armastust, lastes end patu ja kurja küüsis oleva inimkonna eest risti lüüa, on meie jaoks õige oma vanemaid, vendi ja lapsi armastada. Aga Jumala ees on tõsine patt, kui me hellitame niisuguseid tühiseid tundeid nagu vihkamist ja üksteisele andestamise soovi puudumist. Jumal ei käskinud meil näidata Talle niisugust armastust, millega Jeesus suri ristil, et inimest pattudest lunastada; Ta palus meil lihtalt vihkamisest teistele andestamise poole pöörduda. Miks see siis meie jaoks nii raske on?

Jumala sõnade kohaselt on iga venna vihkaja „mõrvar" (1. Johannese 3:15) ja samamoodi kohtleb meie Isa meid, kui me ei andesta oma vendadele (Matteuse 18:35) ja õhutab meid armastust pidama ja kohtu vältimiseks vendade tõttu nurisemisest eemale hoiduma (Jakoobuse 5:9).

Kuna Püha Vaim elab igaühes meist ristilöödud ja meid meie mineviku, oleviku ja tuleviku pattudest lunastanud Jeesuse Kristuse armastuse kaudu, võime me armastada kõiki inimesi, kui me Tema ees meelt parandame, pöördume oma tegudest ja saame Temalt andestuse. Aga kuna selle maailma inimesed ei usu Jeesust Kristust, ei ole nende jaoks andestust ka siis, kui nad peaksid meelt parandama ja nad ei suuda üksteisega Püha Vaimu juhatuseta tõelist armastust jagada.

Isegi kui teie vend vihkab teid, peab teil olema süda, millega seista tões, teda mõistes ja talle andestades ja tema eest armastusega palvetades, et te ei lõpetaks ise patusena. Kui me vihkame vendi, selle asemel et neid armastada, teeme me Jumala ees pattu, kaotame Püha Vaimu täiuse, oleme armetud ja rumalad ja veedame kogu oma aja hädaldades. Me ei tohiks ka oodata, et Jumal meie palvele vastab.

Me armastame, mõistame ja andestame vendadele ning saame

Jumalalt kõik palves palutu vaid Püha Vaimu abil.

3. Jumala käskudele sõnakuulmatusest tingitud patumüüri hävitamine

Johannese 14:21 rääkis Jeesus meile: *"Kellel on minu käsud ja kes neid peab, see ongi see, kes armastab mind. Aga kes armastab mind, seda armastab mu Isa, ja mina armastan teda ning näitan talle ennast."* Sel põhjusel öeldakse 1 Johannese 3:21: *"Armsad, kui meie süda ei süüdista, siis on meil julgus Jumala ees."* Teiste sõnadega, kui patumüür põhjustati meie sõnakuulmatusest Jumala käskudele, ei saa me palvevastuseid. Ainult siis, kui jumalalapsed kuuletuvad oma Isa käskudele ja teevad seda, mis on Talle meeltmööda, saavad nad Temalt veendunult paluda kõike, mida nad soovivad ja neile antakse kõik palutu.

1. Johannese 3:24 meenutatakse: *"Ja kes peab Tema käske, püsib Jumalas ja Jumal temas. Ja sellest me tunneme ära, et Tema püsib meis – Vaimust, kelle Ta meile on andnud."* Siin toonitatakse, et vaid siis, kui inimsüda on täis tõde, olles Isandale täiesti üle antud ja kui inimene elab Püha Vaimu juhatusel, võib ta saada kõik palutu ja ta elu võib kõiges edukas olla.

Näiteks, kui kellegi südames oleks sada ruumi ja ta annaks kõik need Isandale üle, oleks ta hinge lugu hea ja ta oleks õnnistatud ning kõik läheks temaga hästi. Aga kui sama inimene annaks Isandale viiskümmend ruumi oma südamest ja kasutaks ülejäänud viitkümmend ruumi ise, ei saaks ta alati Jumalalt vastust, sest ta on ainult pooleldi Püha Vaimu poolt juhitud ja kasutab samal ajal ülejäänud poolt, et paluda Isandalt oma mõtetes või häälega oma lihahimude rahuldamist. Kuna meie Isand elab igaühes meist, kinnitab Ta meid ka siis, kui meie teel ei ole takistusi, et me läheksime sellest kas mööda või jookseksime sellest üle. Isegi kui me läheme läbi surmavarju oru, annab Ta meile selle vältimise võimaluse, tegutseb kõiges meie heaks ja viib meid edu teele.

Kui me oleme Jumalale meeltmööda, pidades Tema käske, elame me Temas ja Tema elab meis ja me võime Teda austada, kui me saame kõik palves palutu. Hävitagem siis Jumala käskudele mitte kuuletumisest tingitud patumüür, saagem neile kuulekaks, olgu meil kindlus Jumala ees ja austagem Teda kõige palutu saamisega.

4. Hävitagem patumüür, mis on tekkinud teie himude rahuldamiseks tehtud palvetest

Jumal käsib meil elus kõike Tema auks teha (1. Korintlastele 10:31). Kui me palume midagi, mis ei austa Teda, püüame me täita oma himusid ja lihalikke soove ja Jumal ei vasta sellistele palvesoovidele (Jakoobuse 4:3).

Teisalt, kui te taotlete materiaalseid õnnistusi jumalariigi ja selle õiguse heaks, vaeste aitamiseks ja hingede päästmiseks, saate te Jumalalt palvevastused, sest te taotlete tegelikult Tema au. Aga kui te taotlete materiaalseid õnnistusi, lootes kiidelda venna ees, kes noomib teid: „Kuidas on võimalik, et sa käid koguduses ja oled vaene?", palvetate te tegelikult kurja oma himude täitmise sooviga ja teie palve jääb vastuseta. Isegi maailmas ei anna oma last tõeliselt armastavad vanemad talle 100 dollarit kaubatänaval lihtsalt raiskamiseks. Samamoodi ei taha Jumal, et Tema lapsed läheksid vale teed ja sellepärast ei vasta Ta oma laste igale palvesoovile.

1. Johannese 5:14-15 öeldakse: *„Ja see ongi see julgus, mis meil on Tema ees, et kui me midagi Tema tahtmist mööda palume, siis Tema kuuleb meid. Kuna me teame, et Ta meid kuuleb, mida tahes me paluksime, siis teame ka, et meil on käes need palved, mis me oleme Temalt palunud."* Me võime iga palvevastuse saada vaid oma himusid kõrvale jättes ja Jumala tahte kohaselt ja Tema auks paludes.

5. Hävitagem palves kahtlemisest tingitud patumüür

Kuna Jumalal on hea meel, kui me näitame Talle oma usku, on usuta võimatu Jumalale meelepärane olla (Heebrealastele 11:6). Me leiame ka Piiblist palju juhtumeid, kus usku näidanud inimesed said Jumalalt vastused (Matteuse 20:29-34; Markuse 5:22-43, 9:17-27, 10:46-52). Kui inimesed ei näidanud oma usku Jumalasse, noomiti neid „vähese usu" tõttu, isegi kui tegu oli Jeesuse jüngritega (Matteuse 8:23-27). Kui inimesed näitasid Jumalale oma suurt usku Temasse, kiideti isegi paganaid

(Matteuse 15:28).

Jumal noomib neid, kes ei suuda uskuda ja kahtlevad isegi natukene uskumise asemel (Markuse 9:16-29) ja ütleb meile, et kui meie sees on palvetamise ajal isegi veidike kahtlust, ei tohiks me arvata, et me saaksime Jumalalt midagi (Jakoobuse 1:6-7).

Teiste sõnadega, isegi siis, kui me paastume ja palvetame kogu öö läbi ja meie palve on täis kahtlemist, ei tohiks me Jumala vastuste saamist isegi loota.

Jumal meenutab meile sellele lisaks: *„Tõesti, ma ütlen teile, kes iganes ütleb tollele mäele: „Kerki ja kukuta end merre!" ega kõhkle oma südames, vaid usub, et see, mis ta räägib, sünnib, siis see saabki talle! Seepärast ma ütlen teile: Kõike, mida te iganes palves endale palute – uskuge, et te olete saanud, ja see saabki teile!"* (Markuse 11:23-24).

Kuna *„Jumal ei ole inimene, et Ta valetaks, inimlaps, et Ta kahetseks. Kas Tema ütleb, aga ei tee, või räägib, aga ei vii täide?"* (4. Moosese raamat 23:19), vastab Jumal tõepoolest kõigi uskujate ja Tema auks palvetajate palvele lubatu kohaselt. Jumalat armastavad ja usuga inimesed usuvad ja taotlevad Jumala au ja sellepärast öeldakse neile, et nad paluksid seda, mida iganes nad soovivad. Kui need inimesed usuvad, paluvad ja saavad kõik palvevastused, saavad nad Jumalat austada. Vabanegem siis kahtlustest ja olgem vaid usus, palugem ja saagem Jumalalt vastused, et me võiksime Teda oma südamest austada.

6. Hävitage Jumalasse mitte külvamise patumüür

Kogu universumis oleva valitseja Jumal kehtestas vaimumaailma seaduse ja Ta juhatab õiglase kohtunikuna kõike korrakohaselt.

Kuningas Daarjaves ei saanud oma kallist sulast Taanieli lõukoerte koopast päästa, sest ta ei saanud isegi kuningana mitte kuuletuda seadusele, mille ta ise oli kirja pannud. Samamoodi ei saa Jumal mitte kuuletuda enese kehtestatud vaimumaailma seadusele, kogu universumis sisalduv toimib Tema juhatusel süsteemikohaselt. Seega „Jumalat ei saa pilgata" ja Ta laseb inimesel külvatut lõigata (Galatians 6:7). Kui keegi külvab palvet, saab ta vaimseid õnnistusi, kui keegi külvab oma aega, saab ta hea tervise õnnistusi, kui keegi külvab ohvriande, hoiab Jumal teda probleemide eest tema ettevõtmistes, tööl ja kodus ja annab talle veelgi suuremaid materiaalseid õnnistusi.

Kui me külvame Jumala ees eri viisidel, vastab Ta meie palvele ja annab meie kõik palutu. Kui me külvame innukalt Jumala ees seistes, ärgem kandkem üksnes rikkalikku vilja, vaid saagem ka kõik palves palutu.

Eelnevalt mainitud kuuele patumüürile lisaks sisaldab „patt" niisuguseid lihalikke soove ja tegusid nagu ebaõiglust, kadedust, raevu, viha ja uhkust, pattude vastu verevalamiseni mitte seismist ja jumalariigi heaks oleva innu puudumist. Hävitagem õppides ja Jumala ja meievahelise müüri eri osadest arusaamise teel patumüür ja saagem alati Jumalalt vastused, Teda sellega austades. Igaüks meie seast peaks olema hea tervise ja käekäiguga usklik, nii nagu meie hingegi lugu on hea.

Jesaja 59:1-2 oleva Jumala Sõna alusel oleme me vaadelnud erinevaid tegureid, mis moodustavad Jumala ja meie vahelise patumüüri. Ma palun Jeesuse Kristuse nimel, et igaüks meist saaks õnnistatud jumalalapseks, kes mõistab esiteks selle müüri iseloomu, on hea tervise ja käekäiguga, nii nagu tema hingegi lugu on hea ja kes austab oma Taevast Isa igale palvele vastust saades!

5. peatükk

Te lõikate külvatut

Aga see on nii:
kes kasinasti külvab, see ka lõikab kasinasti,
ja kes rohkesti külvab, see ka lõikab rohkesti.
Igaüks andku nii, nagu ta süda on lubanud,
mitte nördinult või sunnitult,
sest Jumal armastab rõõmsat andjat.

2. Korintlastele 9:6-7

Igal sügisel võib põllul näha rohkeid küpsete riisitaimede kuldseid laineid. Nende riisitaimede koristamiseks on vaja esiteks põllumehe rasket tööd ja pühendumist seemnete külvamisest põllu väetamiseni ja kevadel ja suvel taimede eest hoolitsemist.

Põllumees, kellel on suur põld ja kes külvab rohkem seemneid, peab nägema rohkem vaeva, kui põllumees, kes külvab vähem seemneid. Aga suure saagikoristuse lootuses töötab ta usinamalt ja kirglikumalt. Nii nagu loodusseadus kirjutab ette, et „Inimene lõikab seda, mida ta külvas," peaksime me teadma, et vaimumaailma omaniku – Jumala – seadus kulgeb sama rada pidi.

Tänapäeva kristlaste seast mõned paluvad Jumalalt oma soovide täitumist ilma külvamata, aga teised kurdavad, et nad ei saa vastuseid, kuigi nad on palju palvetanud. Kuigi Jumal tahab anda oma lastele ülevoolavaid õnnistusi ja vastata igale nende probleemile, ei mõista inimene sageli külvamise ja lõikamise seadust ja ei saa seega Jumalalt soovitut.

Leiame loodusseaduse alusel, kus öeldakse: „Mida inimene külvab, seda ta ka lõikab," mida me peaksime külvama ja kuidas me peaksime seda tegema, et alati saada Jumalalt vastused ja Teda tingimusteta austama.

1. Põldu tuleb harida

Enne seemnekülvi peab põllumees harima põllu, kus ta

töötama hakkab. Ta korjab sealt kivid, tasandab pinnase ja loob seemnete jaoks õige kasvukeskkonna ja -tingimused. Vastavalt põllumehe pühendumisele ja vaevanägemisele võib ka kõle maa muutuda viljakaks pinnaseks.

Piiblis võrreldakse igaühe südant põlluga ja liigitatakse see neljaks eri tüübiks (Matteuse 13:3-9).

Esimene tüüp on „tee kõrval olev pinnas."
Tee kõrval olev pinnas on tahke. Niisuguse südamega inimene käib koguduses, kuid ei ava oma südameust ka pärast sõna kuulamist. Seega ta ei suuda Jumalat tunda ja ei saa usupuuduse tõttu valgustatud.

Teine tüüp on „kivine pinnas."
Sellisel kivisel pinnasel ei saa taimed korralikult võrsuda pinnases olevate kivide tõttu. Niisuguse südamega inimesel on pelgalt teadmised Sõna kohta ja ta usuga ei kaasne teod. Kuna tal puudub usukindlus, langeb ta katsumuste ja kannatuste ajal kiiresti.

Kolmas tüüp on „ohakane põld."
Ohakaselt põllult ei saa head vilja, sest ohakad kasvavad ja lämmatavad taimed. Niisuguse südamega inimene usub Jumala Sõna ja püüab selle alusel elada. Aga ta ei tegutse Jumala tahte kohaselt, vaid oma lihalike soovide alusel. Kuna ta südamesse külvatud sõna kasv on pärsitud varalise kiusatuse ja selle maailma tulu või probleemide tõttu, ei kanna ta vilja. Ta ei suuda usaldada

„nähtamatut" Jumalat ka siis, kui ta palvetab ja seega kaasab ta kiiresti oma mõtted ja teod. Sellepärast ei koge ta Jumala väge, kuna Ta saab niisugust inimest vaid eemalt jälgida.

Neljas tüüp on „hea maa."

Niisuguse hea pinnasega usklik ütleb vaid „aamen" kogu Jumala Sõnale ja kuuletub sellele usus, oma mõtteid ja kaalutlusi arvestamata. Kui seemned niisugusesse heasse pinnasesse külvata, kasvavad nad hästi ja kannavad külvatuga võrreldes sajakordselt, kuuekümne- või kolmekümnekordselt vilja.

Jeesus ütles vaid „aamen" ja oli Jumala Sõnale ustav (Filiplastele 2:5-8). Ka „hea südamepinnasega" inimene on Jumala Sõnale tingimusteta ustav ja elab selle alusel. Kui Ta Sõna käsib meil alati rõõmustada, on ta igasugustes oludes rõõmus. Kui Ta Sõnas käsitakse alati palvetada, palvetab ta lakkamatult.

„Hea südamepinnasega" inimene võib alati Jumalaga suhelda, saada kõik palves palutu ja Tema tahte järgi elada.

Hoolimata sellest, missugused pinnased me hetkel ka ei oleks, võime me alati muutuda heaks pinnaseks. Me võime kivise pinnase üles künda, eemaldada ohakad ja igasugust pinnast väetada.

Kuidas siis oma südant „heaks pinnaseks" harida?

Esiteks tuleb meil Jumalat vaimus ja tões kummardada.
Me peame Jumalale andma kogu oma meele, tahte,

pühendumise ja jõu ning armastusest Tema vastu ka oma südame üle andma. Alles siis võime me tühiste mõtete, väsimuse ja uimasuse eest kaitstud olla ja suudame oma südame ülevalt tuleva väe abil heaks pinnaseks muuta.

Teiseks tuleb meil pattude vastu verevalamiseni seista.

Kui me kuuletume täielikult Jumala Sõnale, kaasa arvatud kõigile käskudele ja keeldudele ja elame nende kohaselt, muutub me süda tasapisi heaks pinnaseks. Näiteks, kui meis leidub kadedust, armukadedust, vihkamist ja sellesarnast, võib meie süda vaid tulise palve kaudu heaks pinnaseks muutuda.

Kuniks me vaatleme oma südamepinnast ja harime seda usinalt, kasvab meie usk üha enam ja iga meie ettevõtmine on Jumala armastuse kaudu edukas. Mida enam me Jumala Sõna alusel elame, seda enam me peame oma pinnast innukalt harima ja seda enam meie vaimne usk kasvab. Mida enam meie vaimne usk kasvab, seda enam „head pinnast" me võime saada. Sellepärast tuleb meil oma südant üha usinamalt harida.

2. Tuleb külvata eri seemneid

Kui maa on haritud, hakkab põllumees seemneid külvama. Nii nagu me neelame oma tervise tasakaalus hoidmiseks eritüüpi toitu, istutab ja kasvatab põllumees erinevaid seemneid – riisi, nisu, aedvilja, ube ja sarnast.

Jumala ees külvates tuleb meil väga palju eri asju külvata.

„Külvamine" tähistab vaimselt kuuletumist ja Jumala käskude täitmist, kui Ta meil midagi teha käsib. Näiteks, kui Jumal käsib meil alati rõõmustada, võime me külvata rõõmuga, mis tuleb meie taevalootusest. Jumalale teeb niisugune rõõm head meelt ning Ta täidab meie südameigatsused (Laul 37:4). Kui Ta käsib meil evangeeliumi kuulutada, tuleb meil Jumala Sõna usinalt levitada. Kui Ta käsib meil üksteist armastada, ustav või tänulik olla ja palvetada, peaksime me täpselt ja usinalt tolle käsu kohaselt toimima.

Lisaks on Jumala Sõna alusel elamine – kümnise andmine ja hingamispäeva pühitsemine – Temasse külvamine ja külvatu võib tärgata, kasvada hästi, õitseda ja kanda rikkalikku vilja.

Kui me külvame säästlikult, tõrksalt või sunduse tõttu, ei aktsepteeri Jumal meie tegu. Nii nagu põllumees külvab oma seemet sügisese hea saagilootusega, tuleb ka meil usu läbi uskuda ja hoida oma silmad Jumala peal, kes õnnistab meie külvi saja–, kuuekümne või kolmekümne kordselt.

Heebrealastele 11:6 öeldakse: *„Aga ilma usuta on võimatu olla meelepärane, sest kes tuleb Jumala juurde, peab uskuma, et Tema on olemas ja et Ta annab palga neile, kes Teda otsivad."* Kui me vaatame oma lootust Jumala Sõnasse pannes Jumalat, kes tasub meile ja külvame Temasse, võime me selles maailmas külluslikult lõigata ja oma taevased tasud talletada.

3. Pinnast tuleb kannatlikult ja pühendunult hooldada

Pärast seemnekülvi hooldab põllumees põldu ülima hoolega. Ta kastab taimi, rohib neid ja püüab putukaid. Taoliste kannatlike jõupingutusteta võivad taimed küll võrsuda, ent surevad vilja kandmata.

„Vesi" esindab vaimselt Jumala Sõna. Nii nagu Jeesus ütleb Johannese 4:14: *„Aaga kes iganes joob vett, mida mina talle annan, ei janune enam iialgi, vaid vesi, mille mina talle annan, saab tema sees igavesse ellu voolavaks allikaks,"* vesi sümboliseerib igavest elu ja tõde. „Putukate püüdmine" tähistab meie südamepinnasesse istutatud Jumala Sõna valvamist vaenlase kuradi eest. Me võime hoida oma südame täiust ülistuse, kiituse ja palve kaudu ka siis, kui vaenlane kurat meie põllutööd segama hakkab.

„Põllu rohimine" on protsess, kus me vabaneme ebatõdedest nagu raevust, vihkamisest ja sarnasest. Kui me palvetame usinalt ja püüame eemale heita raevu ja vihkamist, juuritakse raev välja, kui tasaduse seeme võrsub ja vihamine juuritakse välja, kui armastuse seeme võrsub. Kui ebatõed on ära rohitud ja segav vaenlane tabatud, võime me Tema tõeliste lastena üles kasvada.

Pärast seemnete külvamist on põllu eest hoolitsemise juures oluline kannatlikult õiget aega oodata. Kui põllumees kaevab pinnase varsti pärast seemnete külvamist üles, et vaadata, kas ta taimed juba võrsuvad või mitte, võivad seemned lihtsalt mädanema minna. Saagi koristamiseni on vaja väga palju pühendumist ja kannatlikkust.

Viljakandmiseks vajalik aeg on eri seemnete puhul erinev. Kui meloni või arbuusiseemned võivad vilja kanda vähem kui aastaga, on õuna- ja pirnipuude puhul vaja mitut aastat. Ženšenni kasvataja rõõm on arbuusikasvataja omast palju suurem, sest ženšenni väärtust ei saa võrrelda lühema ajaperioodi vältel kasvatatud arbuusi omaga. Samamoodi kui me külvame Jumala ees Ta Sõna alusel, võime me vahel Temalt kohe vastused saada ja vilja lõigata, aga muul ajal võib rohkem aega vaja minna. Nii nagu Galaatlastele 6:9 meenutatakse: *„Ärgem tüdigem head tehes, küll me omal ajal ka lõikame, kui me enne ära ei nõrke!,"* meil tuleb lõikusajani oma põllu eest kannatlikult ja pühendumisega hoolt kanda.

4. Te lõikate külvatut

Johannese 12:24 ütleb Jeesus meile: *„Tõesti, tõesti, ma ütlen teile, kui nisuiva ei lange maasse ega sure, siis see jääb üksi, aga kui see sureb, siis see kannab palju vilja."* Õiguse Jumal istutas oma seaduse alusel oma ainusündinud Poja Jeesuse Kristuse lepitusohvriks inimkonna eest ja lasi Tal muutuda nisuivaks, maha variseda ja surra. Jeesus kandis oma surma kaudu palju vilja.

Vaimumaailma seadus on sarnaselt loodusseadusele, mis konstateerib: „Inimene lõikab seda, mida ta külvab," rikkumatu Jumala seadus. Galaatlastele 6:7-8 öeldakse meile sõnaselgelt: *„Ärge eksige: Jumal ei lase ennast pilgata, sest mida inimene* *iganes külvab, seda ta ka lõikab. Kes oma lihalikule loomusele külvab, see lõikab lihalikust loomusest kaduvust, kes aga Vaimule külvab, see lõikab Vaimust igavest elu."*

Kui põllumees külvab põllule seemneid, võib ta mõningaid vilju sõltuvalt seemne liigist teistest varem koristada ja ta jätkab saaki koristades seemnete külvi. Mida rohkem põllumees külvab ja mida usinamalt ta oma põllu eest hoolt kannab, seda rohkem saaki ta saab. Samamoodi lõikame me isegi oma suhtes Jumalaga seda, mida me külvame.

Kui te külvate palvet ja kiitust, võite te ülalt saadud väe abil elada Jumala Sõna alusel nii nagu teie hinge lugu on hea.

Kui te teete ustavalt jumalariigi heaks tööd, lahkuvad teie ihust igasugused haigused, kui te saate füüsilised ja vaimsed õnnistused. Kui te külvate innukalt oma materiaalset vara, kümnist ja tänuohvreid, annab Ta teile materiaalseid õnnistusi ja võimaldab teil neid jumalariigi ja selle õigsuse heaks kasutada.

Meie Isand, kes tasub igaühele tehtu kohaselt, ütleb Johannese 5:29: *„Ning tulevad välja: need, kes on teinud head, elu ülestõusmiseks, aga need, kes on teinud halba, hukkamõistmise ülestõusmiseks."* Seega tuleb meil Püha Vaimu juhatuse kohaselt elada ja oma elus head teha.

Kui inimene ei külva Püha Vaimu juhatusel, vaid oma soovide heaks, võib ta lõigata vaid selle maailma asju, mis lõpuks kaovad. Kui teisi mõõta ja nende üle kohut mõista, mõõdetakse ka teid ja mõistetakse teiegi üle kohut Jumala Sõnaga, kus öeldakse, et: *„Ärge mõistke kohut, et teie üle ei mõistetaks kohut, sest mis kohtuga teie kohut mõistate, sellega mõistetakse kohut teiegi* *üle, ja mis mõõduga teie mõõdate, sellega mõõdetakse ka teile!"* (Matteuse 7:1-2). Jumal andestas meile kõigile enne Jeesuse Kristuse vastuvõtmist tehtud patud. Aga kui me teeme pattu pärast tõe- ja patutunnetusele jõudmist, tabab meid karistus, hoolimata sellest, et me meeleparanduse kaudu andeks saame. Kui te olete külvanud pattu, lõikate te vaimumaailma seaduse alusel oma patu vilja ja teid tabavad katsumused ja kannatused. Kui Jumalale kallis Taavet patustas, ütles Jumal talle: *„Mispärast sa oled põlanud Isanda sõna, tehes, mis on Tema silmis paha?"* ja *„Vaata, ma lasen sinu oma soost tulla sulle õnnetusi"* (2. Saamueli raamat 12:9; 11). Kui Taavet sai oma patud andeks, sest ta parandas meelt: „Ma olen Isanda vastu pattu teinud," teame me ka, et Jumal lõi haigusega last, kelle Uurija naine oli Taavetile sünnitanud (2. Saamueli raamat 12:13-15).

Me peaksime elama tõe alusel ja head tegema, pidama meeles, et me lõikame kõiges seda, mida me külvame, külvama Pühas Vaimus, saama Pühas Vaimus igavest elu ja alati olema ülevoolavalt õnnistatud.

Piiblis on palju inimesi, kes olid Jumalale meeltmööda ja said pärast rikkalike õnnistuste osaliseks. Kuna üks suunamlanna oli alati kohelnud jumalameest Eliisat äärmise austuse ja viisakusega, viibis ta alati sinnakanti tulles tema kojas. Pärast seda kui naine arutas oma abikaasaga Eliisa jaoks külalistetoa ettevalmistamist, seadis ta prohveti jaoks toa valmis ja pani sinna voodi, laua, tooli ja lambi ja õhutas Eliisat oma kojas viibima (2. Kuningate raamat

4:8-10).

Naise andumus valmistas Eliisale suurt meeleliigutust. Kui ta leidis, et naise abikaasa oli vana ja neil polnud lapsi ja et naine soovis omale last saada, palus Eliisa Jumalalt naise jaoks sünniõnnistust ja Jumal andis talle aasta hiljem poja (2. Kuningate raamat 4:11-17).

Nii nagu Jumal lubab meile Laulus 37:4: *„Olgu sul rõõm Isandast; siis Ta annab sulle, mida su süda kutsub!,"* täitus suunamlanna südamesoov, sest ta kohtles jumalasulast hoole ja andumusega (2. Kuningate raamat 4:8-17).

Apostlite tegudes 9:36-40 räägitakse Joppa naisest Tabiitast, kes tegi palju lahkeid ja häid tegusid. Kui ta haigestus ja suri, edastasid jüngrid uudise Peetrusele. Kui ta kohale jõudis, näitasid sealsed lesknaised Peetrusele Tabiita tehtud särke ja kuubesid ja anusid, et Peetrus elustaks naise. Peetrus tundis naiste sammu tõttu suurt meeleliigutust ja palus südamest Jumalat. Kui ta ütles: „Tabiita, tõuse!", avas naine silmad ja tõusis istukile. Kuna Tabiita oli Jumala ees häid tegusid tehes ja vaeseid aidates külvanud, võis ta oma elu pikenemise õnnistuse saada.

Markuse 12:44 räägitakse vaesest lesknaisest, kes andis Jumalale kõik, mis tal oli. Jeesus vaatas, kuidas rahvas andis templis ohvriande ja ütles jüngritele: *„Sest nemad panid oma küllusest, tema pani aga kehvusest kõik, mis tal oli, kogu oma elatise"* ja kiitis teda. Meil ei ole raske aru saada, et naine oli hiljem oma eluajal väga õnnistatud.

Vaimumaailma seaduse alusel laseb õiguse Jumal meil

külvatut lõigata ja tasub igaühele tema tegude kohaselt. Kuna Jumal tegutseb igaühe usu kohaselt nii, nagu nad usuvad Ta Sõna ja kuuletuvad sellele, peame me mõistma, et me võime saada kõik, mida iganes me palves palume. Ma palun meie Isanda Jeesuse Kristuse nimel, et igaüks teie seast peaks seda meeles ja vaataks läbi oma südame ja hariks seda usinalt heaks pinnaseks, külvaks palju seemneid, hooldaks neid kannatlikult ja andunult ning kannaks rohkesti vilja!

6. peatükk

Eelija saab tulega Jumala vastuse

Ja Eelija ütles Ahabile:
„Mine üles, söö ja joo, sest vihma kohin kostab!"
Ja Ahab läks sööma ja jooma.
Aga Eelija läks üles Karmeli tippu,
kummardas maha ja pani näo põlvede vahele.
Siis ta ütles oma teenrile: „Mine nüüd ja vaata mere poole!"
Ja see läks ja vaatas, kuid ütles: „Ei ole midagi."
Tema aga ütles: „Mine tagasi!" Nõnda seitse korda.
Aga seitsmendal korral ütles teener:
„Vaata, pisike pilv nagu mehe kämmal tõuseb merest."
Siis ütles Eelija: „Mine ütle Ahabile: Rakenda hobused ette
ja mine, et sadu ei peaks sind kinni!"
Ja vahepeal tumenes taevas pilvedest
ja tuulest ning tuli suur sadu.
Ahab aga sõitis ja läks Jisreeli.

1. Kuningate raamat 18:41-45

Vägev jumalasulane Eelija võis tunnistada elavast Jumalast ja ebajumalaid kummardavad iisraellased said Eelija palve läbi Jumalalt tulnud tule tõttu meeleparanduse võimaluse. Lisaks, kui Jumal oli iisraellaste peale kolm ja pool aastat vihane ja vihma ei sadanud kogu selle aja vältel, tegi Eelija ime ja lõpetas paduvihma taevast alla tuues põua.

Kui me usume elavat Jumalat, peame me oma elus samamoodi nagu Eelija Jumalalt vastuse saama, Temast tunnistama ja Teda austama.

Saagem meiegi alati Jumala tuliseid palvevastuseid saavaks lapseks, uurides lähemalt Eelija usku, mille tõttu Jumal vastas talle tulega ja kes nägi oma silmaga enese südamesoovide täitumist.

1. Jumalasulase Eelija usk

Iisraellased pidid Jumala väljavalitutena vaid Jumalat kummardama, aga nende kuningad hakkasid Jumala silmis kurja tegema ja ebajumalaid kummardama. Ahabi trooniletuleku ajal hakkasid iisraellased rohkem kurja tegema ja ebajumalakummardamine jõudis haripunkti. Sel hetkel pöördus Jumala viha Iisraeli vastu kolme ja poole aastase põua hädaks. Jumal pani Eelija oma sulaseks ja ilmutas tema kaudu oma tegusid.

Jumal ütles Eelijale: *„Mine näita ennast Ahabile, siis ma annan maale vihma!"* (1. Kuningate raamat 18:1).

Mooses, kes tõi iisraellased Egiptusest välja, ei kuuletunud esialgu Jumalale, kui Ta käskis Moosesel vaarao juurde minna. Kui Saamuelil käsiti Taavetit võidma minna, ei olnud ka prohvet esialgu Jumalale sõnakuulelik. Aga kui Jumal käskis Eelijal minna ja näidata end Ahabile – kuningale, kes teda kolm aastat tappa oli üritanud – kuuletus prohvet Jumalale tingimusteta ja demonstreeris talle Jumalale meelepärast usku. Kuna Eelija kuuletus ja uskus kogu Jumala Sõna, võis Jumal prohveti kaudu pidevalt oma tegusid ilmutada. Jumalal oli Eelija kuulekast usust hea meel, Ta armastas Eelijat, tunnustas teda oma sulasena, saatis teda kõikjal, kuhu ta läks ja tagas tema iga ettevõtmise kordamineku. Kuna Jumal kinnitas Eelija usku, võis ta surnuid ellu äratada, Jumalalt tulega vastuse saada ja keerises taevasse minna. Kuigi on olemas üksainus Jumal, kes istub oma taevasel aujärjel, võib kõigeväeline Jumal kõike universumis olevat valitseda ja lasta oma tööl toimuda kõikjal, kus Ta viibib. Nii nagu kirjutatakse Markuse 16:20: *"Aga jüngrid läksid välja ja kuulutasid kõikjal, ning Isand toetas neid ja kinnitas sõna tunnustähtedega,"* kui Jumal tunnustab ja kinnitab inimest ja tema usku, järgnevad selle inimese palvele Tema töö ilmnemise märgina imed ja palvevastused.

2. Eelija saab Jumalalt tulega vastuse

Kuna Eelijal oli suur usk ja ta oli piisavalt kuulekas, et Jumala tunnustust väärida, võis prohvet julgelt Iisraeli eelseisvat põuda kuulutada.

Ta võis kuningas Ahabile kuulutada: *"Nii tõesti kui elab Isand, Iisraeli Jumal, kelle ees ma seisan: neil aastail ei ole kastet ega vihma muidu kui minu sõna peale!"* (1. Kuningate raamat 17:1).

Kuna Jumal juba teadis, et Ahab ohustab põuda kuulutanud Eelija elu, juhatas Jumal prohveti Kriti jõe äärde ja käskis tal seal veidi aega olla ning kaarnatel talle hommikuti ja õhtuti leiba ja liha tuua. Kui Kriti jõgi kuivas vihmapuuduse tõttu, viis Jumal Eelija Sarepta lese juurde ja lasi lesel talle toitu anda.

Kui lese poeg haigestus ja ta olukord läks järjest hullemaks ning ta lõpuks suri, hüüdis Eelija palves Jumalat appi: *"Isand, mu Jumal, lase ometi selle poisi hing tulla temasse tagasi!"* (1. Kuningate raamat 17:21).

Jumal kuulis Eelija palvet, elustas poisi ja lasi tal edasi elada. Selle sündmuse kaudu tõendas Jumal, et Eelija oli jumalamees ja Jumala Sõna, mida ta rääkis, oli tõene (1. Kuningate raamat 17:24).

Meie sugupõlve inimesed elavad ajal, mil nad ei saa kunagi Jumalat uskuda, kui nad ei näe tunnustähti ja imetegusid (Johannese 4:48). Selleks, et tänapäeval elavast Jumalast tunnistada, peab meist igaühel olema niisugune usk nagu Eelijal oli ja meil tuleb julgelt evangeeliumi levitada.

Prohvetikuulutuse viimasel aastal, mil Eelija ütles Ahabile: *"Neil aastail ei ole kastet ega vihma muidu kui minu sõna peale!,"* andis Jumal oma prohvetile käsu: *"Mine näita ennast*

Ahabile, siis ma annan maale vihma!" (1. Kuningate raamat 18:1). Luuka 4:25 öeldakse, et: *"Eelija päevil, mil taevas oli kolm aastat ja kuus kuud suletud, nii et suur nälg tuli üle kogu maa."* Teiste sõnadega, Iisraelis ei sadanud kolm ja pool aastat. Enne seda, kui Eelija läks teistkordselt Ahabi jutule, oli kuningas prohvetit isegi naabermaadest tagajärjetult otsinud, uskudes, et Eelija oli kolme ja poole aastases põuas süüdi.

Isegi kui Eeliat oleks Ahabi ette minekul tappa võidud, kuuletus ta julgelt Jumala Sõnale. Kui Eelija seisis Ahabi ees, küsis kuningas temalt: *"Kas sina oled see, kes saadab Iisraeli õnnetusse?"* (1. Kuningate raamat 18:17). Selle peale vastas Eelija: *"Mina ei saada Iisraeli õnnetusse, küll aga sina ja su isa sugu, sest te jätate maha Isanda käsud ja sina käid baalide järel!"* (1. Kuningate raamat 18:18). Ta edastas kuningale kartmatult Jumala tahte. Eelija läks sammu kaugemale ja ütles Ahabile: *"Aga nüüd läkita käsk, et minu juurde Karmeli mäele kogutaks kogu Iisrael ja need nelisada viiskümmend Baali prohvetit ja nelisada Ašera prohvetit, kes söövad Iisebeli lauas!"* (1. Kuningate raamat 18:19).

Kuna Eelija teadis hästi, et Iisraeli tabas põud ebajumalakummardamise tõttu, püüdis ta võidelda 850 ebajumalaid kummardava prohvetiga ja kinnitas: *"See jumal, kes siis vastab tulega, on Jumal"* (1. Kuningate raamat 18:24). Kuna Eelija uskus Jumalat, demonstreeris prohvet usku, millega ta uskus, et Jumal vastab talle tulega.

Siis ütles ta baali prohvetitele: *"Valige enestele üks härjavärss ja valmistage see esimesena, sest teid on rohkem! Hüüdke siis oma jumala nime, aga ärge süüdake tuld!"* (1. Kuningate raamat 18:25). Kui baali prohvetid ei saanud hommikust õhtuni vastust, pilkas Eelija neid.

Eelija uskus, et Jumal vastab talle tulega ja käskis iisraellastel rõõmuga altar ehitada ja ohvriand ning puud veega üle valada ning ta palus Jumalat.

Vasta mulle, Isand! Vasta mulle, et see rahvas saaks teada, et Sina, Isand, oled Jumal ja et Sina pöörad tagasi nende südamed! (1. Kuningate raamat 18:37).

Selle peale langes Jumala tuli ja hävitas põletusohvri, puu, kivid ja tolmu ja neelas kraavis oleva vee. Kui kõik inimesed nägid seda, langesid nad näoli maha ja ütlesid: *„Isand on Jumal! Isand on Jumal!"* (1. Kuningate raamat 18:38-39).

Kõik see oli võimalik, sest Eelija ei kahelnud isegi veidike, kui ta palus Jumalat (Jakoobuse 1:6) ja uskus, et ta oli juba saanud palves palutu (Markuse 11:24).

Miks Eelija käskis ohvri üle vett valada ja palvetas siis? Kuna põud oli kestnud kolm ja pool aastat, oli vesi tol ajal kõige haruldasem ja väärtuslikum elutähis asi. Eelija täitis neli suurt kannu veega ja kallas vee ohvri peale kolm korda (1. Kuningate raamat 18:33-34), Eelija demonstreeris Jumalale oma usku ja andis Talle kõige väärtuslikuma. Jumal, kes armastab rõõmsat andjat (2. Korintlastele 9:7), ei lasknud Eelijal üksnes lõigata külvatut, vaid vastas prohvetile ka tulega ja tõendas kõigile iisraellastele, et nende Jumal oli tõesti elav.

Kui me käime Eelija sammudes ja näitame Jumalale oma usku, andes Talle oma kõige väärtuslikuma ja valmistume Temalt palvevastuseid vastu võtma, võime me kõigile inimestele tulega elavast Jumalast tunnistust anda.

3. Eelija toob taevast tugeva vihmasaju

Pärast iisraellastele elava Jumala tule kaudu esitlemist ja ebajumalakummardajatest iisraellaste meeleparandusele toomist meenus Eelijale Ahabile antud vanne: *"Nii tõesti kui elab Isand, Iisraeli Jumal, kelle ees ma seisan: neil aastail ei ole kastet ega vihma muidu kui minu sõna peale!"* (1. Kuningate raamat 17:1). Ta käskis kuningat: *"Mine üles, söö ja joo, sest vihma kohin kostab!"* (1. Kuningate raamat 18:41) ja läks Karmeli mäetippu. Ta tegi seda, et teostada Jumala Sõna: „Ma annan maale vihma" ja Tema vastuse saamiseks.

Kui Eelija jõudis Karmeli mäetipu, kummardas ta maha ja pani näo põlvede vahele. Miks Eelija palvetas niimoodi? Eelija tundis palvetades väga suurt ängistust.

Selle vaatepildi põhjal võib oletada, kui tõsiselt Eelija kogu südamest Jumalat appi hüüdis. Lisaks, Eelija palvetas lakkamatult, kuni ta nägi oma silmaga Jumala vastust. Prohvet andis oma sulasele korralduse mere poole vaadata ja Eelija palvetas niimoodi seitse korda, kuni ta sulane nägi mehe kämbla suurust pilve. See oli rohkem kui küllaldane Jumalale mulje jätmiseks ja Ta taevase aujärje raputamiseks. Kuna Eelija tõi pärast kolme ja poole aastast põuda taevast vihma alla, võib eeldada, et ta palve oli äärmiselt vägev.

Kui Eelija sai Jumala tulega vastuse, tunnistas ta oma suuga, et Jumal oli tema heaks tegev, isegi kui Jumal ei olnud sellest juttu teinud; ta käitus samamoodi vihma taevast alla tuues. Mehe kämbla suurust pilve nähes saatis prohvet Ahabile sõna: *„Rakenda hobused ette ja mine, et sadu ei peaks sind kinni!"* (1. Kuningate raamat 18:44). Kuna Eelijal oli usk, mille abil ta sai oma suuga tunnistada ka siis, kui ta veel vastust ei näinud (Heebrealastele 11:1), sai Jumal prohveti usu kohaselt tegutseda ja tõesti, veidi aega hiljem pimenes taevas pilvede ja tuule tõttu ja algas tugev vihmavalang (1. Kuningate raamat 18:45).

Meil tuleb uskuda, et Jumal, kes andis Eelijale tulega vastuse ja tõi kauaoodatud vihma pärast kolm ja pool aastat kestnud põuda, on sama Jumal, kes ajab meie katsumused ja kannatused minema, täidab me südameigatsused ja annab meile oma imelised õnnistused.

Praeguseks olen ma kindel, et te olete aru saanud, et Jumala vastuse tulega saamiseks, Tema austamiseks ja teie südamesoovide täitumiseks tuleb teil esiteks demonstreerida Talle meelepärast usku, hävitada igasugune teie ja Jumala vaheline patumüür ja paluda Temalt kõike kahtlemata.

Teiseks, teil tuleb rõõmuga Jumalale altar ehitada, anda Talle ohvriande ja südamest palvetada. Kolmandaks, teil tuleb oma suuga vastuste saamiseni tunnistada, et Jumal tegutseb teie heaks. Siis on Jumalal väga hea meel ja Ta vastab teie palvele, et te võiksite Teda kogu südamest austada.

Meie Jumal vastab, kui me palume Teda oma hinge, lapsi, tervist, tööd ja või muid asju puudutavate probleemide asjus ja Ta saab meie kaudu au. Olgu meil Eelija sugune terviklik usk ja palvetagem palvevastuste saamiseni, et meist saaksid Ta õnnistatud lapsed, kes toovad alati oma Isale au!

7. peatükk

Kuidas südameigatsusi täita

Olgu sul rõõm Isandast;
siis Ta annab sulle, mida su süda kutsub!

Laul 37:4

Paljud inimesed püüavad tänapäeval kõigeväelise Jumala käest eri probleemidele vastuseid saada. Nad palvetavad innukalt, nad paastuvad ja teevad ööpalvet, et terveneda, oma nurjunud ettevõtmisi taas üles ehitada, lapsi sünnitada ja materiaalseid õnnistusi saada. Kahjuks on palvevastuseid saavatest ja Jumalat austavate inimestega võrreldes veelgi rohkem neid, kes ei saa Jumalalt vastuseid ja ei austa Teda.

Kui nad ei kuule Jumala käest kuu ega paar, väsivad nad ja ütlevad: „Jumalat ei ole olemas", pöörduvad Jumalast sootuks ja hakkavad ebajumalaid kummardama, mustates seega Ta nime. Kui inimene käib koguduses, aga ei saa Jumala väge ja ei austa Teda, kuidas võib siis „tõelise usuga" tegu olla?

Kui keegi tunnistab, et ta usub tõesti Jumalat, siis ta peab jumalalapsena oma südamesoovid saama ja teoks tegema selle, mida iganes ta oma maise eluaja jooksul saavutada soovib. Aga paljude südamesoovid ei täitu ka siis, kui nad väidavad, et nad usuvad, kuna nad ei tunne iseennast. Vaatame selle peatüki aluseks oleva lõiguga viise, kuidas oma südamesoove teostada.

1. Esiteks, inimene peab oma südant vaatlema

Igaüks peab vaatama tagasi, et näha, kas ta tõesti usub kõigeväelist Jumalat või ta usub üksnes pooleldi, kaheldes või kas tal on riukalik süda, mis taotleb vaid õnneks minekut. Enne Jeesuse Kristuse tundmist veetis valdav enamik inimestest oma elu ebajumalaid kummardades või vaid iseendid usaldades. Aga suure katsumuse või kannatuse ajal mõistsid nad, et nende elus olevaid õnnetusi ei saanud inimliku väevõimuga ega ebajumalate abil lahendada ja nad hakkasid maailma asjade kulu üle mõtlema ning kuulsid, kuidas Jumal võib nende probleemidele lahenduse tuua ning tulid lõpuks Tema juurde.

Selle asemel, et vaadata vägeva Jumala peale, mõtlevad selle maailma inimesed lihtsalt kaheldes: „Kas Ta jätaks mulle vastamata, kui ma Teda anun?" või „Võib-olla palve lahendaks mu kriisiolukorra." Aga kõigeväeline Jumal valitseb inimkonna ajalugu ja inimelu ja surma, needust ja õnnistust, Ta elustab surnuid ja uurib inimese südame läbi, seega Ta ei vasta inimesele, kes kahtleb oma südames (James 1:6-8).

Kui keegi tahab tõesti oma südamesoovide teostumist, peab ta esiteks loobuma oma kahtlustest ja õnne otsivast südamest ning uskuma, et ta on palve teel kõigeväeliselt Jumalalt juba palutu saanud. Alles siis saab see inimene vägeva Jumala armastuse osaliseks ja tema südamesoovid võivad täide minna.

2. Teiseks, inimene peab vaatlema oma päästekindlust ja usu seisundit

Tänapäeva koguduses esinevad paljude usklike elus usuprobleemid. On väga südantlõhestav näha üllatavalt palju inimesi, kes uitavad vaimselt ja kes ei näe oma vaimse kõrkuse tõttu, et nende usk liigub vales suunas ja teisi, kellel puudub päästekindlus isegi pärast paljusid kristliku elu aastaid ja Tema teenimist.

Roomlastele 10:10 öeldakse: *"Sest südamega usutakse õiguseks, suuga aga tunnistatakse päästeks."* Kui te avate oma südameukse ja võtate Jeesuse Kristuse ülalt tasuta saadud armu kaudu oma Päästjaks vastu, saate te jumalalapse meelevalla.. Lisaks, kui te tunnistate oma huultega, et Jeesus Kristus on teie Päästja ja usute oma südamest, et Jumal äratas Jeesuse surnuist üles, saate te päästekindluse.

Kui te ei tea kindlalt, kas te olete päästetud või mitte, on teie usu seisund problemaatiline. See juhtub, kui te pole kindel, et Jumal on teie Isa ja te olete Tema lapsena taevakodanikuks saanud ja siis ei suuda te Isa tahte kohaselt elada.

Sellepärast ütles Jeesus: *"Mitte igaüks, kes mulle ütleb: "Isand, Isand!"*, *ei saa taevariiki; saab vaid see, kes teeb mu Isa tahtmist, kes on taevas"* (Matteuse 7:21). Kui inimesel ei ole veel „Isa Jumala ja poja (või tütre)" osadust, on üksnes loomulik, et see inimene ei saa Tema vastuseid. Kuid isegi kui see suhe on juba kujunenud ja inimsüdames on Jumala arvates midagi valesti, ei saa ta samuti palvevastuseid.

Seega, kui te saate päästekindlusega jumalalapseks ja parandate meelt, sest te pole Jumala tahte kohaselt elanud, lahendab Ta iga teie probleemi, kaasa arvatud haiguse, töised probleemid ja rahahäda ning tegutseb kõiges meie heaks.

Kui te otsite Jumalat oma lapsega seotud probleemi tõttu, aitab Jumal teil tõesõna abil igasugustest teie ja lapse vahelistest probleemidest ja tüliküsimustest aru saada. Vahel on lapsed süüdi, aga veelgi sagedamini on vanemad lastega esinevates raskustes ise süüdi. Enne laste süü toonitamist peaksid vanemad ise esiteks pöörduma oma ekslikest viisidest ja neist meelt parandama, püüdma oma lapsi korralikult kasvatada ja kõik Jumala kätte anda. Tema annab neile tarkust ja tegutseb nii vanemate kui laste heaks.

Seega, kui te tulete kogudusse ja püüate saada vastuseid oma probleemidele, mis on seotud teie laste, haiguse, rahaasjade ja sarnasega, peate te kiiresti paastuma ja palvetama või ööpalve tegema hakkamise asemel hoopis tõe alusel teada saama, mis on teie ja Jumala vahelise kanali ummistanud, meelt parandama ja pöörduma. Siis juhib teid Püha Vaim ja Jumal tegutseb teie heaks. Kui te isegi ei ürita aru saada, Jumala Sõna kuulata ega selle alusel elada, ei saa te Jumalalt palvevastuseid.

Kuna esineb palju juhtumeid, mil inimesed ei suuda tõest täiesti aru saada ja ei saa Jumalalt vastuseid ja õnnistusi, peavad meie kõigi südamesoovid täituma, kui me saame päästekindluse ja elame Jumala tahte kohaselt (5. Moosese raamat 28:1-14).

3. Kolmandaks, te peate Jumalale oma tegudega meeltmööda olema

Kui keegi tunnistab Looja Jumalat ja võtab Jeesuse Kristuse oma Päästjaks vastu, on tema hinge lugu sama hea, kui ta tõetunnetuse ja valgustuse tase. Lisaks, kui ta avastab üha enam, mis on Jumala südames, võib ta Temale meelepäraselt elada.

Kui kahe- või kolmeaastased väikelapsed ei oska oma vanemale meeltmööda olla, õpivad nad noorukieas ja täiskasvanuna neile rõõmu valmistama. Samamoodi, mida enam jumalalapsed tõde mõistavad ja selles elavad, seda enam võivad nad oma Isale meeltmööda olla.

Piiblis räägitakse jätkuvalt, kuidas meie usuisad said Jumalale meeltmööda olles oma palvetele vastused. Kuidas oli Aabraham Jumalale meelepärane?

Aabraham taotles alati rahu ja pühadust ja elas selles (1. Moosese raamat 13:9), teenis Jumalat kogu oma ihu, südame ja meelega (1. Moosese raamat 18:1-10) ja kuuletus Talle täielikult, omaenese mõtteid kaasamata (Heebrealastele 11:19; 1. Moosese raamat 22:12), sest ta teadis, et Jumal võis surnuist ellu äratada. Selle tulemusel sai Aabraham Nägija Isanda ehk „Isanda mäel Ta näitab end" õnnistuse, lasteõnnistuse, rahalise õnnistuse, hea tervise ja muu sarnase õnnistuse ning oli igati õnnistatud (1. Moosese raamat 22:16-18, 24:1).

Mida Noa tegi Isanda õnnistuste saamiseks? Ta oli õiglane ja veatu oma sugupõlve rahva seas ja käis Jumalaga (1. Moosese raamat 6:9). Kui veeputus ujutas kogu maailma üle, võis vaid Noa oma perega kohtumõistmist vältida ja pääseda. Kuna Noa käis Jumalaga, võis ta Jumala häält tähele panna ja valmistada laeva ning isegi oma pere pääsemisele tuua.

Kui Sarepta lesknaine istutas 1. Kuningate raamatus 17:8-

16 jumalasulase Eelija sisse Iisraeli kolme ja poole aastase põua ajal ususeemne, õnnistati teda erakordselt. Kui ta kuuletus usus ja teenis Eelijat vaid peotäiest kausis leiduvast jahust tehtud leiva ja õlinatukesega kruusis, õnnistas Jumal teda ja täitis oma prohvetliku sõna, mis ütles, et *„Jahu ei lõpe vakast ja õli ei vähene kruusist kuni päevani, mil Isand annab maale vihma"* (14. salm).

Kuna 2. Kuningate raamatu 4:8-17 suunamlanna teenis ja kohtles jumalasulast Eliisat äärmise hoole ja austusega, õnnistati teda poja sünniga. Naine ei teeninud jumalasulast mitte seetõttu, et ta tahtis midagi vastu saada, vaid kuna ta armastas Jumalat tõesti kogu südamest. Kas see pole siis arusaadav, miks Jumal naist õnnistas?

Samuti on lihtne öelda, et Jumalale tegi Taanieli ja ta kolme sõbra usk äärmist rõõmu. Isegi kui Taaniel visati lõukoerte auku Jumala palumise tõttu, tuli ta koopast viga saamata välja, sest ta usaldas Jumalat (Taanieli 6:16-23). Isegi kui Taanieli kolm sõpra seoti kinni ja visati tulisesse ahju, sest nad keeldusid ebajumalat kummardamast, austasid nad Jumalat sellega, et nad tulid ahjust välja ja nende ainuski ihuliige ei olnud põlenud ega isegi kõrvetada saanud (Taanieli 3:19-26).

Matteuse 8. peatükis suutis väepealik oma suure usuga Jumalale meeltmööda olla ja sai oma usu kohaselt Jumalalt vastused. Kui ta ütles Jeesusele, et ta sulane oli halvatud ja kannatas väga, oli Jeesus valmis sõjapealiku kotta tulema ja sulase terveks tegema. Aga kui sõjapealik ütles Jeesusele: *„Ütle ainult üks sõna ja mu teener paraneb!"* (8. salm) ja näitas oma suurt usku ja armastust sulase vastu, kiitis Jeesus teda: *„Tõesti, ma ütlen teile, nii suurt usku ei ole ma leidnud Iisraelis ühelgi!"* (10. salm). Kuna Jumala vastused saadakse usu kohaselt, tervenes sõjapealiku sulane sel hetkel. Halleluuja!

On veel näiteid. Markuse 5:25-34 räägib 12 aastat veritõve tõttu kannatanud naise usust. Hoolimata paljude arstide hoole all olekust ja ravile kulunud summadest, muutus ta olukord üha hullemaks. Kui naine kuulis Jeesuse kohta räägitud sõnumeid, uskus ta, et ta võib vaid Ta rüüd puudutades terveneda. Kui naine tuli Jeesuse selja taha ja puudutas Tema rüüd, tervenes ta otsekohe.

Milline süda oli väepealikul Korneeliusel Apostlite tegudes 10:1-8 ja kuidas sai tema paganana Jumalat teenida nii, et kogu ta pere pääses? Me näeme, et Korneelius oli kogu oma perega vaga ja jumalakartlik. Ta andis heldelt puudustkannatajatele ja palus Jumalat pidevalt. Seega, Korneeliuse palved ja annid vaestele olid Jumala ees mälestusohvriks ja kui Peetrus tuli ta koju külla, et Jumalat ülistada, võttis kogu Korneeliuse pere Püha Vaimu vastu ja nad hakkasid võõrastes keeltes rääkima.

Apostlite tegudes 9:36-42 räägitakse Tabiita nimelisest naisest (tõlkes Gasellist), kes tegi alati heategusid ja aitas vaeseid, kuid haigestus ja suri. Kui Peetrus tuli jüngrite õhutusel kohale, põlvitas ja palvetas, ärkas Tabiita ellu.

Kui jumalalapsed täidavad oma ülesandeid ja on Isale meeltmööda, täidab elav Jumal nende südamesoovid ja tegutseb kõiges nende heaks. Kui me suudame seda tõesti uskuda, saame me kogu oma eluajal alati Jumalalt vastused.

Ma kuulen pidevalt konsultatsioone andes või inimestega kahekõnet pidades, kuidas kord suure usuga ja kogudust hästi teeninud ustavad inimesed jätsid Jumala pärast katsumusi ja kannatusi. Iga kord valutas mu süda, sest inimesed ei suutnud vaimselt vahet teha.

Kui inimestel on tõeline usk, ei jäta nad Jumalat ka katsumusse sattudes. Kui neil on vaimne usk, on nad rõõmsad, tänulikud ja palvetavad isegi katsumuse ja kannatuse ajal. Nad ei reeda Jumalat, nad ei lase end kiusata ega kaota oma jalgealust Temas. Vahel võivad inimesed olla ustavad, kui nad loodavad saada õnnistusi või teiste tunnustust. Aga usupalvet ja juhuslikkusest tulvil palvet saab vastavate tulemuste alusel kergesti eristada. Kui inimene palvetab vaimse usuga, kaasnevad tema palvega täiesti kindlalt ka Jumalale meelepärased teod ja ta toob oma südamesoovide ühekaupa teostumisega Talle suurt au.

Me oleme Piibli juhiste alusel vaadelnud, kuidas meie usuisad demonstreerisid oma usku Jumalasse ja missuguse südamega nad olid Talle meelepärased ning Ta täitis nende südamesoovid. Kuna Jumal õnnistab oma lubaduse kohaselt kõiki, kes on

Talle meelepärased – nii nagu ellu äratatud Tabiita oli Talle meelepärane ja lastetu suunamlanna, kes sai poja, oli Talle meelepärane ja kaksteist aastat kestnud veritõvest vabaks saanud naine oli Talle meelepärane – uskugem ja hoidkem oma pilk Temal.

Jumal ütleb meile: *"Sa ütled: Kui sa võid! Kõik on võimalik sellele, kes usub"* (Markuse 9:23). Kui me usume, et Ta suudab meie probleemi lõpetada ja usaldame Talle kõik oma probleemid, mis puudutavad meie usku, haigust, lapsi, rahaasju ja usaldame Teda, kannab Ta kindlalt selle kõige eest meie heaks hoolt (Laul 37:5).

Ma palun Jeesuse Kristuse nimel, et igaüks teie seast võiks olla meelepärane Jumalale, kes ei valeta, vaid teeb seda, mida Ta ütleb ja et teie südamesoovid võiksid täituda ning te elaksite õnnistatud elu!

Autor:
Dr Jaerock Lee

Dr Jaerock Lee sündis 1943. aastal Muanis, Jeonnami provintsis, Korea Vabariigis. Kahekümnesena oli Dr Lee mitmete ravimatute haiguste tõttu seitse aastat haige ja ootas surma ilma paranemislootuseta. Kuid õde viis ta ühel 1974. aasta kevadpäeval kogudusse ja kui ta põlvitas, et palvetada, tervendas elav Jumal ta kohe kõigist haigustest.

Hetkest kui Dr Lee kohtus selle imelise kogemuse kaudu elava Jumalaga, on ta Jumalat kogu südamest siiralt armastanud ja Jumal kutsus ta 1978. aastal end teenima. Ta palvetas tuliselt, et ta võiks Jumala tahet selgelt mõista ja seda täielikult teha ning kuuletuda kogu Jumala Sõnale. 1982. aastal asutas ta Manmini koguduse Seoulis, Lõuna-Koreas ja tema koguduses on aset leidnud arvukad Jumala teod, kaasa arvatud imepärased tervenemised ja imed.

1986. aastal ordineeriti Dr Lee Korea Jeesuse Sungkyuli koguduse aastaassambleel pastoriks ja neli aastat hiljem – 1990. aastal, hakati tema jutlusi edastama Austraalia, Venemaa, Filipiinide ülekannetes ja paljudes muudes kohtades Kaug-Ida ringhäälingukompanii, Aasia ringhäälingujaama ja Washingtoni kristliku raadiosüsteemi vahendusel.

Kolm aastat hiljem, 1993. aastal, valis *Christian World (Kristliku maailma)* ajakiri (USA) Manmini Keskkoguduse üheks „Maailma 50 tähtsamast kogudusest" ja Christian Faith College *(Kristlik Usukolledž),* Floridas, USA-s andis talle Teoloogia audoktori tiitli ja 1996. aastal sai ta Ph.D. teenistusalase kraadi Kingsway Teoloogiaseminarist Iowas, USA-s.

1993. aastast alates on Dr. Lee juhtinud maailma misjonitööd, viies läbi palju välismaiseid krusaade Tansaanias, Argentinas, L.A.-s, Baltimore City's, Havail ja New York City's USA-s, Ugandas, Jaapanis, Pakistanis, Kenyas, Filipiinidel, Hondurasel, Indias, Venemaal, Saksamaal, Peruus, Kongo Rahvavabariigis, Iisraelis ja Eestis.

2002. aastal kutsuti teda Korea peamistes kristlikes ajalehtedes tema väelise teenistuse tõttu erinevatel väliskoosolekusarjadel „ülemaailmseks äratusjutlustajaks". Ta kuulutas julgelt, et Jeesus Kristus on Messias ja Päästja eriti „New Yorki 2006. aasta koosolekusarja" käigus, mis toimus maailma kuulsaimal laval Madison Square Gardenis ja mida edastati 220 riiki ja Jeruusalemma rahvusvahelises koosolekukeskuses toimunud „2009. aasta Iisraeli ühendkoosolekute sarja" käigus.

Tema jutlusi edastatakse 176 riiki satelliitide kaudu, kaasa arvatud GCN TV ja ta kuulus Venemaa populaarse kristliku ajakirja In Victory *(Võidukas)* ja uudisteagentuuri Christian Telegraph *(Kristlik Telegraaf)* sõnul 2009. ja 2010. aastal oma vägeva teleedastusteenistuse ja välismaiste koguduste pastoriks olemise tõttu kümne kõige mõjukama kristliku juhi sekka.

2017. aasta septembris alates koosneb Manmini Keskkogudus rohkem kui 130 000 liikmest. Kogudusel on 11000 sisemaist ja välismaist harukogudust, mille hulka kuuluvad 56 kodumaist harukogudust ja praeguseni on sealt välja lähetatud rohkem kui 98 misjonäri 26 maale, kaasa arvatud Ameerika Ühendriigid, Venemaa, Saksamaa, Kanada, Jaapan, Hiina, Prantsusmaa, India, Kenya ja paljud muud maad.

Tänaseni on Dr. Lee kirjutanud 109 raamatut, kaasa arvatud bestsellerid *Maitsedes Igavest elu Enne Surma, Minu Elu, Minu Usk I ja II osa, Risti Sõnum, Usu Mõõt, Taevas I ja II osa, Põrgu, Ärka Iisrael!* ja *Jumala Vägi* ja tema teosed on tõlgitud enam kui 76 keelde.

Tema kristlikud veerud ilmuvad väljaannetes *The Hankook Ilbo, The JoongAng Daily, The Chosun Ilbo, The Dong-A Ilbo, The Seoul Shinmun, The Hankyoreh Shinmun, The Kyunghyang Shinmun, The Korea Economic Daily, The Shisa News* ja *The Christian Press.*

Dr. Lee on praegu mitme misjoniorganisatsiooni ja –ühingu asutaja ja president, kaasa arvatud Jeesus Kristus Ühendatud Pühaduse Koguduse (The United Holiness Church of Jesus Christ) esimees; Ülemaailmse Kristliku Äratusmisjoni Liidu (The World Christianity Revival Mission Association) asutaja; Ülemaailmse Kristliku Võrgu CGN (Global Christian Network GCN) asutaja ja juhatuse esimees; Ülemaailmse Kristlike Arstide Võrgu WCDN (The World Christian Doctors Network WCDN) asutaja ja juhatuse esimees; Manmini Rahvusvahelise Seminari MIS (Manmin International Seminary MIS) asutaja ja juhatuse esimees.

Teised kaalukad teosed samalt autorilt

Taevas I & II

Üksikasjalik ülevaade taevakodanike toredast elukeskkonnast keset Jumala au ja taevariigi eri tasemete ilus kirjeldus.

Risti sõnum

Võimas äratussõnum kõigile, kes on vaimses unes! Sellest raamatust leiate te põhjuse, miks Jeesus on ainus Päästja ja tõeline Jumala armastus.

Põrgu

Tõsine sõnum kogu inimkonnale Jumalalt, kes soovib, et ükski hing ei sattuks põrgu sügavustesse! Te leiate mitte kunagi varem ilmutatud ülevaate surmavalla ja põrgu julmast tegelikkusest.

Vaim, hing ja ihu I & II

Teatmik, kust saab vaimse arusaama vaimu, hinge ja ihu kohta ja mis aitab meil avastada oma „mina", milleks meid tehti, et me saaksime pimeduse võitmiseks väe ja muutuksime vaimseks inimeseks.

Usumõõt

Missugune elukoht, aukroon ja tasu on sulle Taevas valmistatud? Sellest raamatust saab tarkust ja juhatust usu mõõtmiseks ja parima ning kõige küpsema usu arendamiseks.

Ärka, Iisrael

Miks on Jumal pidanud Iisraeli maailma algusest kuni tänapäevani silmas? Missugune Jumala ettehoole on lõpuajaks valmistatud Iisraelile, kes ootab Messiase tulekut?

Minu Elu ja Mu Usk I & II

Kõige hõrgum vaimne lõhn, mis tuleb Jumala armastusega õilmitsevast elust keset süngeid laineid, külma iket ja sügavaimat meeleheidet.

Jumala vägi

Kohustuslik kirjandus, mis on vajalik juhis tõelise usu omamiseks ja Jumala imelise väe kogemiseks.

www.urimbooks.com